# TRUST
# 信托

## 打|造|财|富|运|营|思|维

周兴文　于沐然　张丽斯　姚银银 ◎ 著

中国纺织出版社有限公司

## 内 容 提 要

信托是一种重要的理财方式，又是一种特殊的财产管理制度和法律行为，具有财产规划、风险隔离、资产配置、财富传承等功能。现在，其越来越受到高净值人士的青睐。

本书在介绍信托基本概念、发展现状和我国信托需求的基础上，梳理了资产服务信托业务、资产管理信托业务、公益慈善信托业务中部分业务品种的基本情况，并分析了其优劣势和适用情况。书中还在重要位置加入相关案例，以便读者理解和参考。

本书逻辑清晰、内容完整，适合有信托投资需求和想要了解信托的读者学习使用。

### 图书在版编目（CIP）数据

信托：打造财富运营思维 / 周兴文等著. --北京：中国纺织出版社有限公司，2024.8. -- ISBN 978-7-5229-1945-4

Ⅰ. F830.8

中国国家版本馆CIP数据核字第202414Q8Z1号

---

责任编辑：李立静　段子君　　责任校对：寇晨晨
责任印制：储志伟

中国纺织出版社有限公司出版发行
地址：北京市朝阳区百子湾东里A407号楼　邮政编码：100124
销售电话：010—67004422　传真：010—87155801
http://www.c-textilep.com
中国纺织出版社天猫旗舰店
官方微博 http://weibo.com/2119887771
天津千鹤文化传播有限公司印刷　各地新华书店经销
2024年8月第1版第1次印刷
开本：710×1000　1/16　印张：9.75
字数：76千字　定价：58.00元

凡购本书，如有缺页、倒页、脱页，由本社图书营销中心调换

# 序言

近年来，越来越多的高净值人士开始重新审视财富的管理与传承问题，并开始借助理财工具和专业团队的力量提前进行财富规划，以期实现财富保护和传承的愿望。

而信托是一种重要的理财方式，可用于财富的保护、管理、传承等。尤其是家族信托，其可以解决家族财富保值增值、家族财富代际传承、家族企业运营、保障家族成员生活等问题。

本书主要从两个方面对信托进行详细介绍，一方面，介绍信托的基本情况，包括信托的定义、主体、客体、类型、功能、发展现状等基本内容；另一方面，以《中国银保监会关于规范信托公司信托业务分类的通知》为依据，对资产服务信托业务中的家族信托、家庭服务信托、保险金信托、特殊需要信托和遗嘱信托，资产管理信托业务中的固定收益类信托计划、权益类信托计划、商品及金融衍生品类信托计划、混合类信托计划和公益慈善信托业务中的慈善信托的基本情况进行梳理，并分析其优劣势和适用情况。书中还在重要位置加入相关案例，以便大家理解和参考。

财富运营路远且长，需要智慧，更需要工具，而信托是一种很好的财富运营工具。希望本书可以给大家提供新的财富运营思维，满足大家的财富运营需求。

由于时间和水平有限，书中难免有疏漏和不足之处，恳请各位读者批评、指正。

著者

2024年3月

# 目录

## 第一章 概述 ... 1

第一节 信托的定义 ... 2

第二节 信托的主体及其权利与义务 ... 3

第三节 信托的客体——财产 ... 7

第四节 信托财产安全性的法律依据 ... 13

第五节 信托的类型 ... 16

第六节 信托的主要功能 ... 20

第七节 高净值人群的信托需求 ... 22

第八节 信托在我国的发展现状 ... 24

## 第二章 家族信托 ... 27

第一节 家族信托概述 ... 28

第二节 家族信托与其他信托业务品种的区别 ... 31

第三节 家族信托的业务模式 ... 34

第四节 实现家族信托的基础 ... 36

第五节 家族信托的运作 ... 39

第六节　家族信托的保护人·······················43

第七节　家族信托的利益分配方式···············48

第八节　家族信托的变更、撤销与终止···········50

第九节　家族信托的监管机制·····················54

第十节　家族信托具体案例·······················57

## 第三章　其他资产服务信托业务··············69

第一节　家庭服务信托·······························70

第二节　保险金信托·································73

第三节　特殊需要信托·······························81

第四节　遗嘱信托···································87

## 第四章　资产管理信托业务·····················91

第一节　固定收益类信托计划······················92

第二节　权益类信托计划···························95

第三节　商品及金融衍生品类信托计划···········98

第四节　混合类信托计划··························101

## 第五章　慈善信托业务··························107

第一节　当代慈善信托浅析························108

第二节　国内慈善信托的发展历史与现状········113

第三节　慈善信托可持续发展的基础条件 ·················· 116
第四节　慈善基金会 ································· 120

## 第六章　信托的风险与规避 ·························· 125
第一节　信托的认知风险 ····························· 126
第二节　信托受理、经营和操作风险 ····················· 129
第三节　市场风险和流动性风险 ························ 132
第四节　信托的税务风险 ····························· 135
第五节　政策和法律风险 ····························· 137

**参考文献** ········································ 143
**后记** ··········································· 145

# 第一章
## 概述

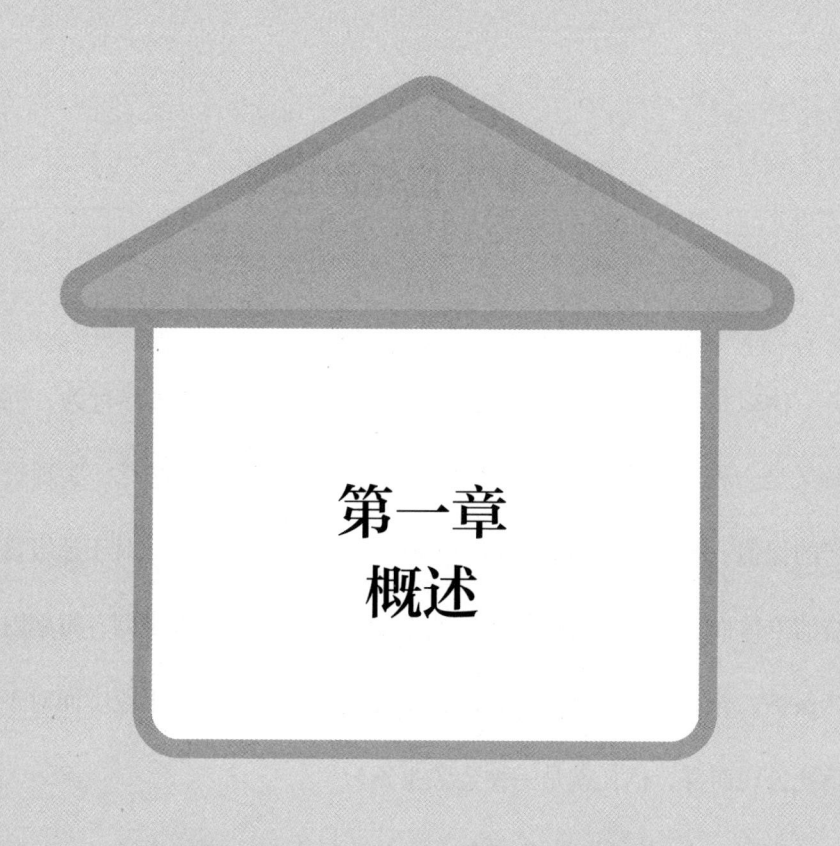

## 第一节　信托的定义

什么是信托？信托是一种特殊的财产管理制度和法律行为，同时又是一种金融制度。投资者可以通过信托规划家庭财产，实现资产的保值、增值，所以信托可以算作一种资产管理方式。对于超级富裕的群体而言，信托可以解决家族企业接班、子女教育规划、婚姻财产保护、养老规划等问题，这时，信托就成了一种保富手段。而对于信托公司而言，信托就是一种金融业务。

实际上，"信托"这个词在不同的情景下有不同的含义。一是信托法律制度。这是从法律层面来理解信托，这也是信托本来的含义。二是信托公司，指的是持有金融许可证、经营信托业务的金融机构，是运用信托法律关系开展业务的机构。三是信托产品，其指向具体的金融品种。四是信托业务，即信托项目（集合性的，又称信托计划），指的是业务形态、商业模式。

《中华人民共和国信托法》(以下简称《信托法》)第二条对信托做了如下定义:委托人基于对受托人的信任,将其财产权委托给受托人,由受托人按委托人的意愿以自己的名义,为受益人的利益或者特定目的,进行管理或者处分的行为。

信托一旦设立,资产所有权就随之发生了转移,委托人就不能随心所欲地插手资产管理。不过,委托人可以调整信托财产的管理方式,对信托管理情况有知情权,如果委托人对信托机构不满意,也可以要求更换管理团队。

## 第二节 信托的主体及其权利与义务

信托的主体有委托人、受托人和受益人三类。

1. 委托人及其权利与义务

信托中的委托人是授权他人管理其资产的人,且委托人必须具有完全民事行为能力,否则信托无效。

根据《信托法》,委托人的权利有以下四点:

（1）了解信托财产管理情况的权利。

（2）依照信托文件或申请人民法院解任受托人的权利。

（3）要求改变信托管理方式的权利。

（4）当受托人管理不当或违反信托契约时，要求受托人补偿信托财产的损失或复原的权利。

委托人的义务有以下四点：

（1）承担后果的义务。

（2）承担处理事务费用的义务。

（3）支付代理佣金的义务。

（4）提供相关资料的义务。

2.受托人及其权利与义务

信托中的受托人是指基于委托人的委托，根据信托目的管理信托财产并承担授信义务的主体。理论上，信托的受托人可以是法人，也可以是委托人信任的自然人，但在受托事务中，受托人通常是信托机构。

根据《信托法》，受托人的权利有以下两点：

（1）取得报酬的权利。受托人有权依照信托文件的约定取得报酬。

（2）优先受偿的权利。受托人因处理信托事务所支出的费用、对第三人所负债务，以信托财产承担。受托人以其固有财产先行支付的，对信托财产享有优先受偿的权利。

信托的基础是信任，也就是委托人对受托人的信任。信托的核心是受托人。在信托关系中，受托人处于核心地位，连接着委托人和受益人。正因如此，受托人的信托义务也是双重的，既要顾及委托人的意愿，又要考虑受益人的利益。受托人的义务有以下五点：

（1）守信、诚信、忠诚的义务。受托人必须依据信托意图和信托条款行使财产权，否则将构成滥用权利，需要承担违约背信责任。

（2）善良管理人的注意义务。受托人管理或处理信托财产的一切行为必须是善意的，其信托管理应站在受益人的立场上，服从受益人的利益。

（3）信托利益给付义务。受托人有义务依据信托条款将信托利益给付受益人。

（4）信托业务公开义务。受托人须将信托财产与其自有财产分开管理，并定期向委托人和受益人报告信托财产管理情况。

（5）财产返还义务。在信托关系终止或信托关系消失时，受托人负有将剩余信托财产依照信托文件或法律规定返还的义务。

3.受益人及其权利与义务

受益人是指享有信托受益权的当事人。在私益信托中，受益人通常为财产授予人本人或其亲属，但也可以是其他确定的当事人；在公益信托中，受益人为特定范围的社会公众。

《信托法》第四十三条规定，受益人可以是自然人、法人或者依法成立的其他组织。委托人可以是受益人，也可以是同一信托的唯一受益人。受托人可以是受益人，但不得是同一信托的唯一受益人。

根据《信托法》，受益人的权利有如下四点：

（1）享有信托受益权，即受益人自信托计划生效之日起享有信托受益权。信托文件另有规定的，从其规定。

（2）放弃信托受益权，即受益人放弃信托受益权导致信托终止或者重新确定信托受益权归属。

（3）转让信托受益权，即受益人的信托受益权可以依法转让和继承。信托文件有限制性规定的除外。

（4）受益人可以依据法律规定行使委托人的法定权利。

受益人的义务有如下六点：

（1）遵守信托文件的规定，即不能违反信托目的处分信托财产或者受益权。

（2）保密义务，即对在受托人管理信托事务中知悉的不属于公开信息的信息予以保密。

（3）支付税款和偿还债务的义务，即依据法律规定支付税款、偿还债务。

（4）告知义务，即向受托人告知影响其管理信托事务能力的重大变动情况。

（5）妥善保管与信托业务相关的文件，即妥善保管信托文件、与处理信托事务有关的各项资料。

（6）不得非法干预受托人行为，即不得非法干预受托人管理信托事务。

## 第三节　信托的客体——财产

1. 信托财产的特征

整个信托行为都是围绕信托财产展开的。在设立信托时，委托人需要将财产权委托给受托人。之后，受托人以自己的名义对信托财产进行管理，并将信托利益分配给受益人。如果没有信托财产，那么信托就无从谈起。可见，信托财产具备三个特征：

（1）确定性。委托人用于设立信托的财产必须是确定的，应当能够计算出其具体价值，无法估算价值的财产不能作为信托财产。确定的信托财产既可以是有形资产，如房产、现金、银行存款和股票等；又可以是无形资产，如著作权、专利权、商标权等；还可以是合法的财产权利，如保险金信托中的信托财产就是保险金的"请求权"。

（2）合法性。信托财产必须是合法的，如果是通过非法手段得到的财产，那么设立的信托无效。

（3）独立性。信托财产一经设立，便实现了信托财产的转移，信托财产与未设立信托的财产相区别、与受托人的自有财产相区别。受托人只能管理信托财产并将信托利益分配给受益人；同时，信托财产也不属于受益人，受益人只享有一定条件下的信托利益请求权，其本身并不拥有信托财产，也无法处置信托财产。简言之，信托一旦成立，信托财产就会从委托人的财产中分离出来，而且不会被归入受托人的固有财产，同时，信托财产在信托结束前不会成为受益人的财产，因此，信托财产是具有独立性的财产整体。这样规定的出发点是保障信托财产的安全，确保信托目的能够实现。

例如，为了让自己的晚年生活幸福，王总把自己的一部分资金和股权委托给信托公司以成立一个家族信托，受益人是王总自己以及其妻子和孩子。这些财产就作为信托财产独立于王总、信托公司、王总的妻子和孩子的其他财产。如果王总破产或意外身故，那么已经作为信托财产的财产就不能作为清算的财产用来偿还债务，或者作为遗产来继承。如果王总的妻子或孩子欠了外债，也不能用信托财产偿还债务。

2.信托财产独立性的法律依据

（1）《信托法》第十五条规定，信托财产与委托人未设立信托的其他财产相区别。设立信托后，委托人死亡或者依法解散、被依法撤销、被宣告破产时，委托人是唯一受益人的，信托终止，信托财产作为其遗产或者清算财产；委托人不是唯一受益人的，信托存续，信托财产不作为其遗产或者清算财产；但作为共同受益人的委托人死亡或者依法解散、被依法撤销、被宣告破产时，其信托受益权作为其遗产或者清算财产。

根据这一规定，一旦委托人将其财产设立信托，该部分财产就成为独立的信托财产，与委托人的其他财产相区别。这意味着，委托人的债权人不能要求法院强制执行信托财产（《信托法》第十七条规定的情形除外），委托人也不能自行处分信托财产。换言之，信托一旦设立，委托人就失去了对信托财产的所有权。这种独立性为信托财产提供了风险隔离功能，使其能够安全地被管理、运用和分配。

然而，这种独立性也存在例外情况。如果委托人是唯一的受益人，那么在其死亡或依法解散、被依法撤销、被宣告破产时，信托将终止，信托财产将作为其遗产或清算财产。但如果委托人不是唯一受益人，即使发生上述情形，信托也将继续存续，信托财产不作为其遗产或清算财产。但是，如果作为共同受益人的委托人死亡或依法解散、被依法撤销、被宣告破产时，其信托受益权将作为其遗产或清算财产。

总的来说，《信托法》第十五条确保了信托财产的独立性，为信托提供了风险隔离功能，但对这种独立性进行了限制，以满足实际情形的需求。

（2）《信托法》第十六条规定，信托财产与属于受托人所有的财产（以下简称固有财产）相区别，不得归入受托人的固有财产或者成为固有财产的一部分。受托人死亡或者依法解散、被依法撤销、被宣告破产而终止，信托财产不属于其遗产或者清算财产。

这一条款强调了信托财产的独立性,该条款的重要性在于,它明确了信托财产的特殊地位,使其能够与受托人的固有财产相隔离。这种隔离有助于保护信托财产的安全和稳定,避免受托人的债务风险、破产风险等对信托财产产生影响。同时,它有助于保护受益人的利益,确保受益人能够按照信托合同的约定获得信托财产的分配,避免受托人的债务风险等对信托财产产生影响。

此外,该条款还规定了当受托人死亡或者依法解散、被依法撤销、被宣告破产而终止时,信托财产不属于其遗产或者清算财产。这一规定进一步强调了信托财产的独立性和隔离性,确保了信托财产不会因为受托人的死亡或者清算而受到影响。

(3)2019年11月14日,《全国法院民商事审判工作会议纪要》对于信托财产的诉讼保全,信托财产在信托存续期间独立于委托人、受托人、受益人各自的固有财产作了明确说明。委托人将其财产委托给受托人进行管理,在信托依法设立后,该信托财产即独立于委托人未设立信托的其他固有财产。受托人因承诺信托而取得的信托财产,以及通过对信托财产的管理、运用、处分等方式取得的财产,均独立于受托人的固有财产。受益人对信托财产享有的权利表现为信托受益权,信托财产并非受益人的责任财产。因此,当事人因其与委托人、受托人或者受益人之间的纠纷申请对存管银行或者信托公司专门账户中的信托资金采取保全措施的，除符合《信托法》第十七条规定的情形外，人民法院不应当准许。已经采取保全措施的，存管银行或者信托公司能够提供证据证明该账户为信托账户的，应当立即解除保全措施。对信托公司管理的其他信托财产的保全，也应当根据前述规则办理。

该条款强调了信托财产独立于受托人的固有财产和信托财产并非受益人的责任财产。这种隔离有助于保护信托财产的安全和稳定，避免受托人的债务、破产等问题对信托财产产生影响。同时，它也有助于保护受益人的利益，确保受益人能够按照信托合同的约定获得信托财产的分配，避免受益人的债务问题、挥霍等对信托财产产生影响。

3. 不能作为信托财产的财产

（1）不确定的财产。比如，某人希望把自己将来所得的房屋拆迁补偿款作为信托财产设立信托，这种财产属于不确定财产，因为房屋是否拆迁、有没有补偿、有多少补偿款都是不确定的。但是，如果在信托存续期间，受托人因为管理或处分信托财产导致原来信托财产的确定状态变得不太确定，那么不影响信托的有效性。

（2）非法所得的财产。通过非法手段获得的财产不能作为信托财产。

（3）存在纠纷或权属不清的财产。比如，夫妻一方未经另一方同意不能用夫妻共同财产设立信托。

（4）损害债权人权益的财产。在设立信托前，如果债权人对该财产拥有优先受偿权，那么这样的财产不能作为信托财产。

（5）法律法规禁止流通的财产。信托财产的首要特征是具有合法性，如果法律、法规禁止流通，那么该财产就不得作为信托财产，比如属于全民所有的森林、矿藏、河流等。

## 第四节　信托财产安全性的法律依据

因为信托财产涉及的数额大、时间跨度长，所以信托财产的安全性就是一个不得不关注的重要因素。不了解信托的人难免会提出"信托公司和信托财产是否安全"这样的问题。

信托受到法律监管，其在监管层面有"一体三翼"，在法律层面有"一法三规"。

"一体三翼"中的"一体"是指中国金融监督管理总局，其是信托行业的主要监管机构。"三翼"是指中国信托业保障基金、中国信托业协会和中国信托登记公司。严密的监管体系和严格的监管指标促使信托行业一直稳步向前发展。

"一法三规"中"一法"是指《中华人民共和国信托法》，"三规"是指《信托公司管理办法》《信托公司集合资金信托计划管理办法》和《信托公司净资本管理办法》。

信托财产的安全性方面，《信托法》第十六条有明确规定：信托财产与属于受托人所有的财产（以下简称固有财产）相区别，不得归入受托人的固有财产或者成为固有财产的一部分。受托人死亡或者依法解散、被依法撤销、被宣告破产而终止，信托财产不属于其遗产或者清算财产。所以，委托人不需要担心信托公司破产会导致自己血本无归。

《信托法》第二十二条也作了如下规定：受托人违反信托目的处分信托财产或者因违背管理职责、处理信托事务不当致使信托财产受到损失的，委托人有权申请人民法院撤销该处分行为，并有权要求受托人恢复信托财产的原状或者予以赔偿；该信托财产的受让人明知是违反信托目的而接受该财产的，应当予以返还或者予以赔偿。前款规定的申请权，自委托人知道或者应当知道撤销原因之日起一年内不行使的，归于消灭。

例如，委托人能承受中等风险，他将资金委托给A信托公司，如果A信托公司没有将这笔资金用于投资中等风险对应的投资标的，而是去投资期货期权等高风险金融产品，那么这就属于受托人违反信托目的的情况。而对于这一投资行为造成的损失，委托人可以要求信托公司对其进行赔偿。

《信托法》第二十七条规定：受托人不得将信托财产转为其固有财产。受托人将信托财产转为其固有财产的，必须恢复该信托财产的原状；造成信托财产损失的，应当承担赔偿责任。

由此可见，信托财产的安全性相对较高。

## 第五节　信托的类型

信托并不是一个标准化的金融产品,"信托计划"或"信托产品"也不是十分规范的概念。这些概念在我国被广泛使用的主要原因是信托总是和金融产品联系在一起的,并以投融资功能为主,发挥着资金融通、资产管理和财富管理的功能。但是,信托不仅是一种金融产品,还是一种涵盖面广、内容复杂的体系。

从业务种类划分,原中国银行保险监督管理委员会2023年1号文件——《中国银保监会关于规范信托公司信托业务分类的通知》(以下简称《信托业务分类通知》)将信托分为资产服务信托业务、资产管理信托业务以及公益慈善信托业务三类。

1.资产服务信托业务

资产服务信托是指信托公司依据信托法律关系接受委托人的委托,并根据委托人的需求为其量身定制财富规划以及代际传承、托管、破产隔离和风险处置等专业信托服务。按照服务内容和特点，其分为财富管理服务信托、行政管理服务信托、资产证券化服务信托、风险处置服务信托及新型资产服务信托五类，共19个业务品种。大家熟知的家族信托、保险金信托等都属于财富管理服务信托。

在设立资产服务信托时，受托人需要与委托人签订合同并制订相应的服务计划和方案，根据委托人的实际需求和偏好制定个性化的财富规划方案和事务管理计划。同时，受托人还需要加强委托人适当性管理、风险管理和信息披露等方面的工作，确保委托人能够及时了解资产服务信托的投资运作情况和风险状况等信息。

2. 资产管理信托业务

资产管理信托是信托公司依据信托法律关系销售信托产品，并为信托产品投资者提供投资和管理金融服务的自益信托，属于私募资产管理业务。资产管理信托依据相关规定，分为固定收益类信托计划、权益类信托计划、商品及金融衍生品类信托计划和混合类信托计划四个业务品种。

在资产管理信托业务中，信托公司应当通过非公开发行集合资金信托计划（以下简称信托计划）募集资金，并按照信托文件约定的投资方式和比例，对受托资金进行投资管理。信托计划投资者需符合合格投资者标准,在信托设立时既是委托人,又是受益人。委托人需要严格遵守相关规定和要求,不得以任何形式开展通道业务和资金池业务,不得以任何形式承诺信托财产不受损失或承诺最低收益等。同时,受托人还需要加强对投资者的适当性管理、风险管理和信息披露等方面的工作,确保投资者能够及时了解信托财产的投资运作情况和风险状况等信息。

3. 公益慈善信托业务

公益慈善信托是委托人基于公共利益目的,依法将其财产委托给信托公司,由信托公司按照委托人的意愿,以信托公司的名义进行管理和处分财产并开展公益慈善活动的信托业务。需要注意的是,公益慈善信托的信托财产及其收益不得用于非公益目的。公益慈善信托按照信托目的分为慈善信托和其他公益信托两个业务品种。

公益慈善信托可以帮助客户实现慈善目标和社会责任目标等。在设立公益慈善信托时,受托人需要遵守相关规定和要求,以确保合法合规运作,同时加强对捐赠人的监督和管理,以及确保捐赠资金合法合规使用并及时向社会公众披露相关信息等。

《信托业务分类通知》指出,要推动信托业务回归本源,明确分类标准,引导差异化发展,保持统一标准,严格合规管理。信托公司信托业务具体的分类内容如表 1-1 所示。

表 1-1 信托公司信托业务新分类简表

| 服务实质 | 是否募集资金 | 受益类型 | | 主要信托业务品种 |
|---|---|---|---|---|
| 资产服务信托业务 | 不涉及 | 自益或他益 | 财富管理服务信托 | 家族信托 |
| | | | | 家庭服务信托 |
| | | | | 保险金信托 |
| | | | | 特殊需要信托 |
| | | | | 遗嘱信托 |
| | | | | 其他个人财富管理信托 |
| | | | | 法人及非法人组织财富管理信托 |
| | | | 行政管理服务信托 | 预付类资金服务信托 |
| | | | | 资管产品服务信托 |
| | | | | 担保品服务信托 |
| | | | | 企业/职业年金服务信托 |
| | | | | 其他行政管理服务信托 |
| | | | 资产证券化服务信托 | 信贷资产证券化服务信托 |
| | | | | 企业资产证券化服务信托 |
| | | | | 非金融企业资产支持票据服务信托 |
| | | | | 其他资产证券化服务信托 |
| | | | 风险处置服务信托 | 企业市场化重组服务信托 |
| | | | | 企业破产服务信托 |
| | | | | 新型资产服务信托 |
| 资产管理信托业务 | 私募 | 自益 | 集合资金信托计划 | 固定收益类信托计划 |
| | | | | 权益类信托计划 |
| | | | | 商品及金融衍生品类信托计划 |
| | | | | 混合类信托计划 |

续表

| 服务实质 | 是否募集资金 | 受益类型 | 主要信托业务品种 | |
|---|---|---|---|---|
| 公益慈善信托业务 | 可能涉及募集 | 公益 | 公益慈善信托 | 慈善信托 |
| | | | | 其他公益信托 |

# 第六节　信托的主要功能

信托作为一种财产管理方式，以实现财富规划及传承为目标，能更好地帮助高净值人群规划"财富传承"。

信托的主要功能有以下四个方面：

1. 保护功能

信托可以保护资产，起到隔离风险的作用。比如，家族企业资产的隔离，在面对破产风险时信托资产得以保全；个人债务也可以进行隔离，信托资产不被强制执行。无论是家族企业还是个人企业，如果需要保护资产，走信托这条路能够起到很好的保护和隔离作用。

2. 传承功能

信托将资产传承给指定的受益人，达到传承财产的目的。信托通过提前约定详细的财产分配方式、分配对象以及分配条件，省去了复杂的财产继承程序。信托机构能够完全按照委托人的意愿对财产进行分配，能维护后代关系，避免纷争。

3. 投资理财功能

信托公司可以通过投资各种金融产品实现财产的保值、增值，为投资者提供更高的收益。这也是各国信托公司的普遍做法。信托业务的开拓和延伸必然伴随投资行为的出现。只有在信托享有投资权和具有相适应的投资方式的条件下，信托代人理财功能的发挥才能建立在可靠的基础上。

信托本身就是一种财产管理的制度安排，财产管理功能应该是信托首要的和基本的功能。金融财产与非金融财产等多样化的财产形式都可以通过信托方式交由信托公司管理。信托公司通过开办信托业务、提供专项服务，发挥为财产所有者经营、管理、运作、处理各种财产的作用，以此实现财产的保值、增值，进而实现社会财富的增长。

4. 服务社会公益功能

在西方发达国家，办学基金、慈善机构一般由信托公司代理经营，信托凭借其独特的制度优势在发展社会公益事业方面发挥了重要作用。随着我国经济的逐步发展，社会公益需求正逐步上升，近年来出现的扶贫基金、养老统筹基金等也可以由信托经营。

总之，信托具有财富保护、财产传承、投资理财以及为社会公益服务等多种功能，可以满足人们不同的需求。

## 第七节　高净值人群的信托需求

高净值人群不但具备"创富"的智慧和战略眼光，而且有"守富"及"传富"的意识。信托作为特殊的非银行财产管理制度，与银行、保险、证券一同构成了我国金融产业四大支柱。

在高净值人群眼中，信托是一种信用托付，也就是受人之托、履人之嘱和代人理财。信托的核心价值是通过设立信托达到资产保护和增值的目的。比如，某高净值先生将资产委托给信托公司，避免了资产因个人原因受到威胁，这就是资产保护。信托财产独立于委托人和受益人的个人财产，为资产提供了更强的保护屏障。再如，某先生在信托文件中明确了财产的受益人和分配方式，确保了财富传承的顺利进行。他可以规定信托资产在未来的使用和分配方式，如逐渐分配给子女，确保子孙后代的福祉。信托还是一种私密的财务工具。信托文件中的细节和资产信息不会被披露，这为相关人员提供了更高的隐私保护。

高净值人群通过成立信托能够实现资产保护、财富传承、隐私保护等核心价值。这为他们提供了一个可持续、稳健的财务规划，并为未来的家族发展奠定了坚实的基础。

所以，高净值人群对于财富信托的需求主要体现在以下方面：

1. 资产安全和财富传承

在经济增长放缓和金融市场波动的背景下，高净值人群深刻认识到"资产安全"和"财富传承"的重要性。信托能够满足他们在这方面的需求，可以为他们提供包括财富管理、财富传承、法律咨询、企业控制、家族慈善等在内的综合传承规划服务。

2. 个性化理财需求

高净值人群的个性化理财需求也是信托需求的重要方面。例如保单托管、保险金分配等。

因此，信托公司需要针对高净值人群的这些需求，提供更加专业化和个性化的信托服务，以满足他们对财富管理和传承的需求。

## 第八节　信托在我国的发展现状

信托作为金融行业的四大支柱之一，在我国金融行业中扮演着重要的角色。

从资金来源上看，集合资金信托规模和管理财产信托规模及其规模占比均出现明显提升，单一的资金信托规模占比保持下降的趋势。

从信托的功能结构上看，自2018年以来，信托业务的功能结构有明显的变化。信托公司在加速压缩融资类业务和以通道为主的事务管理类业务的同时，开始选择加速做大投资类业务，积极向主动管理类业务转型，在事务管理类信托中去通道业务的同时，服务信托也得到了长足的发展。

2018年4月27日，《中国人民银行 中国银行保险监督管理委员会 中国证券监督管理委员会 国家外汇管理局关于规范金融机构资产管理业务的指导意见》文件中提出了严控风险的底线思维,要求减少存量风险,严防增量风险。于是,信托业开始主动收缩业务规模,调整发展重点,优化资产质量。

如今,随着国内高净值人群年龄的增长,其对财富传承的需求越来越迫切。同时,国内信托业也正在回归本源,从商事信托逐渐向民事信托倾斜。信托制度不仅为高净值客户提供投资增值服务,还开始在家族财富管理和传承方面发挥其制度优势。

当前,我国信托发展呈现以下趋势:

(1)信托行业逐渐回归本源。随着监管政策的逐步贯彻落实,我国信托行业正在逐步回归信托本源,发挥信托公司在服务实体经济、推进共同富裕等方面的独特优势。

(2)信托业务结构持续调整。我国信托行业的业务结构正在持续调整,主动管理业务规模占比不断提升,而通道业务规模持续下降。这意味着信托公司在积极发挥主动管理能力,以提升业务的质量和效益。

(3)创新业务模式不断涌现。在新的监管政策引导下,信托公司不断创新业务模式,探索符合新时代信托业使命和担当的发展道路。

（4）绿色信托和慈善信托发展迅速。随着社会对绿色发展和公益事业的关注度不断提升，绿色信托和慈善信托等新型信托业务发展迅速，为信托行业注入了新的发展动力。

（5）行业面临的风险挑战仍然较大。尽管信托行业在逐步转型和调整，但其面临的信用风险、市场风险、操作风险等仍然较大，需要加强风险管理，以确保行业稳健发展。

总的来说，我国信托行业正处在转型发展的关键时期，面临机遇和挑战并存的局面。未来，信托行业需要进一步发挥自身优势，创新业务模式，加强风险管理，为促进我国经济的绿色、健康、可持续发展做出更大的贡献。

# 第二章
# 家族信托

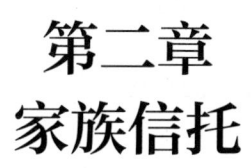

## 第一节　家族信托概述

1. 家族信托的定义

家族信托是指委托人基于对受托人的信任，将家族财产转移给受托人，受托人按照委托人的意愿对财产进行管理的制度。

2. 家族信托的特征

（1）家族信托财产的混合性。目前，我国信托业务中的信托财产多以现金为主，类型比较单一。而家族信托中的信托财产除现金以外，还可以是不动产、股权、金融产品投资份额，甚至还有专利、版权、商标等知识产权，整体呈现出复杂、多样、混合性等特征。

（2）家族信托设立的稳定性。根据《信托法》第八条规定，设立信托应当采取书面形式。书面形式包括信托合同、遗嘱或者法律、行政法规规定的其他书面文件等。家族信托涉及家族财产和家族事宜的具体规划、对受益人的规定等事项，需要通过符合法律的信托文书来明确约定，而文书中的条款完全根据委托意愿订立。

（3）家族信托利益的他益性。根据信托利益是否属于委托人来区分，可以将信托分为自益信托和他益信托两种。委托人本人作为受益人的信托是自益信托，除委托人之外指定其他人为受益人的信托是他益信托。设立家族信托主要是为了保障家族和家族成员的利益，部分家族信托的设立并非仅仅出于私益目的，还可能是为了发展公益慈善事业，此时家族信托的受益人并不确定。因此，家族信托除自身受益之外，具有较强的他益性。

（4）家族信托管理的复合性。家族信托既是事务管理服务又是财富管理服务；既对委托人的家族财产进行管理、处分，又对委托人的家族事务进行管理，包括家族治理、子女教育、家族文化传承等。家族信托管理呈现出兼具财产管理和事务管理的复合特征。

3. 家族信托的具体功能

家族信托作为信托的重要组成部分，具有以下具体功能：

（1）灵活的财富传承。委托人可以自主决定或变更家族信托受益人，设定家族信托期限和执行条件，选择可信赖的受托人和家族信托保护人，并可以将家族信托资产设定为现金、金融资产等。

（2）财产安全隔离。家族信托财产独立于委托人和信托机构，即使委托人或信托机构经营不善,家族信托财产也不被列入破产财产。

(3)财富传承延续。通过家族信托可以实现财富的跨代传承,保持家族财富的长期稳定和家族企业的持续发展。

(4)信息保密。除非因涉及违法犯罪而遭司法机关持令调查,否则信托机构不得披露家族信托委托人、受益人的信息,这样可以有效保护委托人和受益人的个人信息不被泄露。

(5)优化公司治理。家族企业通过家族信托可以优化企业治理,减少家庭纠纷,避免家族企业因代际传承而产生动荡。

因此,家族信托具有财产传承、风险隔离等多重功能,是委托人传承家族财富的跨生命周期的安排。但家族信托并非一劳永逸的工具,其在设立及设计和执行相关条款、架构时,只要稍有不慎,就会影响家族信托的效力及信托财产的独立性。所以,在设立家族信托的时候,我们需要借助专业的力量,要在明确信托功能的基础上,找到符合委托人意愿的信托方式,这样才能更好地实现委托人的意愿。

## 第二节　家族信托与其他信托业务品种的区别

家族信托是信托机构受个人或家族的委托，代为管理、处置家庭财产的一种财产管理方式。它是资产服务信托业务中财富管理服务信托的一个业务品种。

那么，家族信托与其他信托业务品种相比有什么不同呢？

家族信托在设立目的、受益人范围、认购门槛、投资方向等方面与其他信托业务品种存在差异。

1. 设立目的不同

其他信托业务品种的设立目的是实现委托人的特定目标或愿望。委托人可以将财产或资产转移给受托人，并指示受托人依据特定的目的、按照特定的方式或要求来管理和运用信托财产。信托利益通常会分配给指定的受益人，可以是委托人本人，也可以是其亲属、朋友等。

而家族信托设立的目的是实现家族财富的保护、传承和管理。家族信托是一种财富管理工具,可以帮助家族成员规划和管理其财产,确保家族财富的长期保值、增值,并可以实现家族的特定目标或愿望。

具体来说,家族信托的主要目的包括以下两点:

(1)家庭财富的保护。家族信托可以通过资产转移的方式将家族的核心资产转移到信托中,从而保护家族财富免受潜在风险或损失的影响,确保家族财富的长期保值、增值。

(2)家庭财产的传承和管理。家族信托可以规划和管理家族成员的财产,确保家族财富的合理分配和传承。家族信托还可以提供定制化的财富管理方案,以满足家族成员的不同需求和期望。

总之,设立家族信托的目的是实现家族财富的保护、传承和管理,帮助家族成员规划和管理其财产,并确保家族财富的长期保值、增值。

### 2. 受益人范围不同

家族信托的受益人的范围通常更广泛,包括委托人的直系亲属和其他家庭成员。单纯以追求信托财产保值、增值为信托目的,具有专户理财性质和资产管理属性的信托业务不属于家族信托。而目前大部分的集合类资金信托为自益信托，即委托人与受益人必须为同一人。这样就很容易把二者区分开来。

3. 认购门槛不同

信托产品的认购门槛因产品类型和公司政策而异。一般来说，集合类金融信托产品的认购起点为100万元，但这个起点并不是绝对的，一些特殊产品的认购起点可能会更高。而家族信托的认购门槛通常较高，要求委托人持有的家庭资产金额在一定水平以上，家族信托财产金额或价值不低于1000万元。

4. 投资方向不同

其他信托业务品种可以根据委托人的投资偏好进行投资，投资方向涉及多种资产类别。家族信托通常更注重长期保值和传承，投资方向可能更加保守和固定。此外，家族信托在保密性和资产保障方面具有一定优势。

## 第三节　家族信托的业务模式

目前，家族信托的业务模式主要有以下四种：

1. 信托公司自主开发业务的模式

这种模式也被称为信托公司主导模式，是指在家族信托业务开展过程中，信托公司主导客户拓展、方案设计和产品管理服务等关键环节，并以自身积累的客户为基础开展业务。在此情况下，信托公司除了要具备专业的金融方面的技能，还需具备搭建法律、会计、税务等专业服务团队的能力。

信托公司主导的业务模式，在客户的开拓和导入上，以信托公司直销客户为主，信托公司自主开发家族信托客户，与客户沟通需求，进行客户维护；在产品方案设计上，由信托公司自主拟定合同、设计产品方案；在资产管理上，信托公司有专业的投资管理团队，负责对家族信托财产进行管理，涉及资产配置、投资组合、风险管理等。

**2. 信托公司与私人银行合作的业务模式**

这种模式以私人银行为主导，以信托作为通道。在该模式下，高净值客户的需求主要通过私人银行的专业团队来满足，信托公司一般充当事务管理的角色，承担的财富管理和传承职能较少。私人银行由于拥有优质的客户资源和产品营销团队，能够为客户提供保险产品、信托产品等多种金融产品的顾问服务和购买渠道。

**3. 信托公司与保险公司合作的业务模式**

这种业务模式也被称为保险金信托，它不是家族信托的典型模式。保险金信托的一般操作流程是，委托人以自己购买保险产品后获得的保险理赔权设立信托。当出现保险公司需要给付保险金的情形时，受托人通过委托人的保险理赔授权，将保险金直接转化为信托财产进行信托资金管理。

**4. 信托公司与其他机构合作的业务模式**

信托公司还可以与律师事务所、会计师事务所、专业财富管理公司等机构合作开展家族信托业务。由于法律赋予持牌信托公司开展家族信托的资格，因此各类机构如要开展家族信托业务，就需要与信托公司合作。

## 第四节　实现家族信托的基础

基于家族信托的特点与信托公司在其中的角色定位，实现家族信托离不开以下基础。

1. 合法合规是家族信托业务的底线

由于家族信托以财产为核心要素展开，所以，家族信托的目的以及信托财产必须合法，只有建立在合法合规前提下的信托业务才是受法律保护的。《信托法》对于财产的合法性早已作出明确的规定，非法财产、不存在的财产、权属不清的财产及未经批准的财产均不能作为家族信托财产，因此，委托人设立家族信托的财产必须具有合法性。

2. 尽职调查

家族信托前期的尽职调查既是基础工作又是必要工作。首先，家族信托业务一经设立往往时间较长，如果基础不牢，那么会给委托人和受托人带来一定的风险。其次，家族信托的资金投入量较大，资金管理的复杂性、系统性和专业性都很高。设立的基础工作做得越到位，后续家族信托设立成功的可能性就越大。如果不做尽职调查就轻易交付信托财产，很可能会带来资产的损失。做好尽职调查，能够让委托人和受托人双方从法律的视角快速获得对方的信任，"因为信任，所以托付"，这样才能拥有坚实的法律基础。

一般尽职调查由律师与委托人协商确定尽职调查的目标、范围和方法，拟定尽职调查清单。在按照调查清单完成调查工作后，律师要对收集的材料和信息进行梳理、分析，撰写书面报告，披露调查过程中的真实情况和存在的问题，提示可能出现的法律风险并给出相应的建议。

一般重点调查的对象是家族信托委托人、家族信托受托人、家族信托受益人、家族信托保护人和家族信托财产。《信托法》第六条、第七条规定，委托人设立信托必须有合法的目的，且交付的资产为委托人合法所有。在实际操作中，信托公司也会对委托人的家庭资产来源做详细的尽职调查，包括但不限于委托人的家庭财产收入来源、家庭财产传承来源、负债状况、财产权纠纷、诉讼或仲裁情况等。

### 3. 彼此信任并满足委托人的需求

信托的成立是建立在委托人对受托人信任的基础上。委托人将自己的财产交由受托人管理，是基于对受托人的信任。同时，受托人也需要以诚实、善意、尽职尽责的态度管理信托财产，履行信托义务，维护委托人和受益人的权益。

家族信托的核心是满足客户财产隔离、传承家族财富、资产管理等诉求。委托人设立家族信托的根本目的是满足自身多元化的财富管理需求。概括而言，委托人的需求，一类是以资产管理为代表的金融性需求；另一类是以风险隔离为代表的事务管理性需求。因此，针对这样的诉求，信托机构也必须具备两大能力：一是与金融相关的专业能力，包括投资研究能力、资产配置能力和资产管理能力。二是与非金融相关的专业能力，包括法律及税务方面的能力。

### 4. 具备灵活可变的业务特色

家族信托时间跨度长、资金投入大，因此信托机构应具备实时跟踪委托人需求和设计产品架构的能力，并拥有完善的风险管理体系。

### 5. 财产所有权与收益权分离

信托的核心是将财产所有权与收益权分离。委托人将信托财产转移给受托人，但保留收益权，即受益人享有信托财产的收益权。

这种分离使受托人有权管理和处置信托财产，而受益人根据信托合同享受信托利益。

6. 连续性原则

信托是一种具有连续性的法律关系，即信托一旦成立，便具有长期的、持续的特性。在信托存续期间，除非经过合法程序，否则不能随意撤销或变更信托条款。这种连续性原则保证了信托财产的安全和稳定，也使信托成为一种适合于长期规划的财富管理工具。

以上六个方面是实现家族信托的基础，缺少其中任何一个要素都无法形成完整的家族信托关系。因此，在设立家族信托时，必须严格遵守这些基础原则，以确保家族信托关系的合法、有效和稳定。

## 第五节　家族信托的运作

1. 家族信托运作内容

家族信托的运作是指将家族财富交由专业的信托机构管理，通过制定信托合同，明确信托目的、信托财产、信托受托人、信托受益人、信托期限等内容，达到家族财富的保护、传承和管理的目的。家族信托的运作是一个漫长而复杂的过程，在具体运作过程中可能会出现当初设立信托时无法预见的情况。比如，信托主体、信托财产的变化，经济形势、法律法规的变化等。多数家族信托业务的运作是根据委托人的家族情况"量身定做"的。总的来说，家族信托运作是对信托财产和家族事务的管理。简单概括，家族信托运作的是钱和事。

家族信托的运作包括以下七个方面：

（1）确定信托的目的。信托目的不同，其运作模式也不同，因此确定信托的目的是基础。通常，实现家族财富的保值和增值、传承和管理、保护家族企业的经营、保障家族成员的生活、实现家族财富的代际传承等都属于家族信托的目的。

（2）选择受托人。家族信托的受托人通常是专业的信托机构或银行，受托人负责管理信托财产和履行受托义务。受托人的选择标准要根据家族的具体情况和需求进行评估和选择。委托人选择受托人时，需要考虑受托人的信誉、实力、专业性等因素，以确保资产的安全性和稳定性。

（3）签订信托合同。委托人和受托人签订信托合同，约定信托的基本条款、规定和条件,包括信托的目的、资产的规模、信托的期限、收益的分配方式、管理费用等。另外,信托合同中还需要明确信托的监督机构和受托人的责任和义务,以确保委托人的权益得到保护。

(4)管理信托财产。受托人根据信托合同的规定对信托财产进行管理,例如组合投资、风险控制、资产配置等。信托财产是建立在信托受托人名下的特定财产,一般由委托人提供。资产可以是任何形式的财产,例如不动产、股票、债券、基金、保单等。信托受托人会根据委托人要求的投资目标和风险承担能力来管理和运作资产,以获取更高的收益。信托受托人应该按照信托合同的规定,合理地管理和运作信托资产,保证信托财产的安全性和流动性。他们会定期向委托人报告信托的运作情况,包括资产状况、收益情况和管理费用等。

(5)确定受益人。家族信托受益人通常是包括委托人在内的家族成员,但委托人不得为唯一受益人,家族信托涉及公益慈善安排的,受益人可以包括慈善信托或慈善组织。

(6)监督受托人。委托人可以通过制定监督机制或更换受托人的方式来监督受托人履行受托人义务。

（7）分配利益。信托的利益包括利息、股息、租金等。委托人和受托人在信托合同中已经约定利益分配比例和分配方式的，受托人会根据合同的规定进行利益分配。如果合同对信托利益的分配比例或者分配方式未作出规定，那么受托人按照均等的比例将信托利益分配给受益人。

2. 家族信托运作需注意的问题

（1）委托人。家族信托的委托人是自然人个人或者家庭，公司或其他组织不能成为家族信托的委托人。为了避免各家庭成员的意见不一致而不利于受托人与委托人之间的沟通和协调，进而不利于信托财产的管理、运用和维护受益人的最大利益，在实务操作中一般由一位主要家庭成员作为委托人，代表家族设立家族信托。

（2）信托财产。家族信托的信托财产金额或价值不低于1000万元，但其财产形式不局限于现金，可分为现金和非现金资产两类。现金部分可直接计算金额，股权、股票或其他非现金资产应进行价值评估。

（3）受益人。家族信托的受益人应是包括委托人在内的家庭成员，但委托人不得为唯一受益人。

家族信托作为一种财富保护和传承工具，具有很多优势。首先，它可以避免财产纠纷。通过明确的合同约定，规定好受益人的权利和义务，可有效避免继承纠纷。其次，它可以实现财富的长期保值、增值，即通过专业的资产管理方式实现财产的持续保值、增值。最后，家族信托还可以实现公益慈善等功能。

总之，家族信托是一种非常有效的财富保护和传承工具，可以帮助家族成员更好地守护和传承家族财富。但同时需要注意风险管理和合法合规等方面的问题。建议委托人在设立家族信托前寻求专业的律师事务所、会计师事务所和信托公司等机构的帮助，以确保信托的合法性和有效性。

## 第六节　家族信托的保护人

家族信托的保护人是由委托人指定的，是依照法律和信托文件的规定监督受托人管理信托事务的主体，其独立于委托人、受托人和受益人，以自己的名义行使权利。保护人不属于家族信托的当事人，委托人可根据实际情况决定是否设立保护人。

1. 家族信托保护人的特征

信托保护人拥有较大的权利，包括解除和替换受托人或增加受益人，修改或终止信托，否决受托人的某些建议等，主要行使对信托保护、监督的职权。因此，家族信托的保护人具有以下特征：

（1）拥有广泛的权利。为了实现委托人设立家族信托的目的，保护财产和使财产增值，保护人被赋予较为广泛的权利，包括增加受益人、更换受托人、对受托人的行为进行监督等。如果受托人对信托财产管理不当，给受益人造成损失，保护人还可以对其提起相应的诉讼，要求受托人承担损害赔偿责任或请求法院撤销受托人的不当处分等。

（2）不是家族信托的当事人。家族信托是委托人将其持有的家族财产委托给受托人，使其以家族财富传承为目的进行管理或处分，并将信托利益按照信托文件的规定向受益人进行分配。因此，信托保护人并非家族信托的当事人，如果设立家族信托时未指明保护人，并不会影响家族信托的有效性。

2. 家族信托保护人的分类

信托保护人有不同的分类，具体如下：

（1）单一保护人和共同保护人。单一的保护人是指家族信托保护人只有一个人；共同保护人则是由两个及两个以上的人共同组成，而多名保护人可组成"家族信托保护人委员会"，即各成员发挥各自的优势，共同承担信托监督职责，保护受益人的利益。

（2）自然保护人和法人保护人。家族信托对保护人的身份、专业能力要求较高，由满足一定条件的自然人担任保护人的情形比较常见。若由法人来担任保护人，则需要由该法人保护人指定符合相应条件的代表来执行具体事务，这无疑会增加保护人选任的复杂程度。

（3）非家族成员保护人和家族成员保护人。任何非家族成员都可以担任家族信托的保护人，所以在寻找保护人的时候要找熟悉相关法律以及擅长资产管理的专业人士更合适。非家族成员保护人主要适用于家族信托财产与事务管理较为简单的情形。家族成员保护人是指由家族成员担任保护人。理论上，除委托人以外的任何家族成员都可以担任家族信托的保护人。但由其他任何的家族成员担任保护人可能会面临较大的代理风险和潜在纠纷，因此建议由家族理事会担任家族信托的保护人。

3.家族信托保护人的设立与变更

家族信托保护人的设立一般分为两种：一种是委托人在设立信

托时制定相应的保护人规则，包括信托保护人选任、更换、辞退，保护人委员会议事规则等；另一种是委托人在设立信托时作出权利保留，由其自行担任保护人角色，并在其年老或身体状况不佳或丧失行为能力时，再由选任的信托保护人行使相应职权。

家族信托保护人有设立也有变更，如果保护人无法履行职权或在履行职权过程中出现严重失职等情况，那么需要对保护人作出变更。在家族信托设立或运作过程中，信托文件一般会对保护人的选任及变更事宜作出规定。

4.家族信托保护人的权利

家族信托保护人的权利包括下面四个方面：

（1）对受托人出任情况进行干预、对受托人的决策情况进行干预、对受托人的薪资情况进行干预。

（2）对信托运营情况进行监督。如定期或根据需要了解、检查有关信托财产的管理、运营和处分，在受托人违反家族信托目的与信托文件的约定处分信托财产或违背信义义务处理信托事务导致家族信托财产受到损失时，保护人有权向法院申请撤销受托人的不当处分。

（3）拥有报酬与补偿请求的权利，即报酬请求权、补偿请求权。

（4）变更受益人或受益规则的权利。

5.家族信托保护人的义务

家族信托保护人的义务包括下面四个方面：

（1）信义义务。通常是指受益人对保护人施加信任和信赖，使其怀有真诚、正直、公正和忠诚的态度，为了受益人的最大利益行事。信义义务要求保护人除非得到相反的授权，不得利用其所处的地位牟利，也不能把自己置于自我利益和信托利益可能发生冲突的地位。具体的信义义务包括注意义务和忠实义务。注意义务是指保护人应谨慎行事，有效履行相关职权。忠实义务是指禁止信托保护人与受托人所管理的信托财产之间的交易，如果保护人自身利益与信托财产的利益发生冲突，信托保护人必须以受益人的最佳利益为重。

（2）公平义务。信托保护人在行使职权时，必须公平地兼顾每位受益人的权利。具体而言，信托保护人在履行公平义务时，除保证受益人的利益分配公平外，还应平等地向各受益人报告家族信托事务，平等地对待各受益人对家族信托事务的查询，保障其知情权。

（3）保密义务。信托保护人不仅在家族信托关系存续期间履行保密义务，即使在信托终止之后，也不得将信托当事人及信托事务向第三人泄露。

（4）亲自代理义务。家族信托保护人是经委托人指定或由相应规则选任的特殊角色，其专业能力及人格均受到了委托人的信任与认可，应当亲自履行其职责。因此，除信托文件另有规定外，一般不允许家族信托保护人转移委托人赋予的职责和权利。

## 第七节　家族信托的利益分配方式

家族信托的利益分配方式不是固定和单一的，可以进行多样化设置，以满足委托人对财富传承与分配的合理需求。通常，家族信托的分配方式有以下四种：

1.固定分配

固定分配指信托公司按合同约定的时间，如一年、半年、一个季度等，向受益人分配固定数额的利益，即固定时间对固定受益人分配固定数额利益。这类分配多是为了保障受益人的基本生活、基本养老等。固定分配条款应当在信托合同中明确约定，并且要符合相关法律法规。同时，委托人也应当根据实际情况及时调整固定分配条款，以保障家族成员的利益。

2. 条件分配

条件分配指在信托合同中约定，受益人只有在达到一定条件后才能获得信托利益。如孩子达到一定的年龄或学历，或者受益人结婚、生育、创业、就医等。受益人凭相关证明材料向信托公司申请收益分配。设置条件分配的目的是激励受益人积极进取、自力更生，同时为委托人提供更加灵活的信托利益分配方式。

3. 临时分配

临时分配是指信托公司根据委托人或受益人的临时指令进行的分配，不需要满足固定分配的那些必要条件，也不需要像条件分配那样必须达到某个条件。这种分配方式主要是为了应对突发情况或者临时资金需求，为受益人提供更加及时的帮助和支持。

4. 指定分配

指定分配是指委托人在信托合同中明确指定受益人及其获得的信托利益分配比例或者金额。这种分配方式主要是实现特定的家族财富传承或者家族成员的福利安排等目的。

设置不同信托收益分配方式，一方面能够防止家族财富被挥霍与浪费，比如固定分配方式只保障受益人基本生活和教育、养老等支出；另一方面能激励后代自力更生，形成积极向上的价值观念，比如为条件分配设置创业和教育等领取信托利益的条件。

## 第八节　家族信托的变更、撤销与终止

对于家族信托的变更、撤销与终止，各国信托法遵循的原则是：信托文件有规定的，依据信托文件的规定进行；信托文件没有规定的，委托人可以直接要求受托人进行变更，或者当事人可以向法院申请予以变更。

1.家族信托的变更

家族信托的变更分为广义和狭义两种。其中，广义的家族信托变更是指委托人对于家族信托的目的、信托文件条款、受托人、受益人的变更；狭义的家族信托变更主要是指家族信托文件条款的变更。信托由于时间跨度长，在设立的时候无法对未来发生的事情完全预知，因此，在信托存续期间发生了不可预料的事项，适时变更

信托条款在所难免。

（1）信托财产管理方式的变更。总体来看，家族信托中信托财产管理方式变更的情形主要有两种：

①信托文件另有规定。信托文件规定家族信托财产管理方式的变更大体会通过以下三种方式：一是委托人在信托文件中作出相应的权利保留，明确变更管理方式的权利，以便在需要的情况下自行作出变更信托财产管理方式的决定。二是委托人可以在信托文件中授权受托人，允许受托人在认为需要时或特定情形下对家族信托财产的管理方式进行变更。三是委托人可以授权财务顾问、保护人等，允许其在有需要或特定情形下，对家族信托财产的管理方式、投资范围及比例进行变更。

②形势所迫。在信托设立时，委托人的目的多种多样，如果在后期的运作过程中出现了当初未能预料的情形，为了更好地实现信托目的，保护受益人的权益，有必要对受托人的管理方式进行变更。

另外，关于如何作出变更家族信托财产管理方式的决定，各国规定有所不同，但主要分为两种情况：一是委托人、受益人或保护人直接要求受托人变更信托财产管理方式；二是由法院作出变更信托财产管理方式的决定。

（2）受益人的变更。虽然委托人在信托文件中可能会对受益人做出若干限制，但是一旦信托计划成立，便不得随意变更受益人，除非家族信托文件有明确授权，或者依据法律对受益人进行变更。

《信托法》第五十一条规定，设立信托后，有下列情形之一的，委托人可以变更受益人或者处分受益人的信托受益权：

①受益人对委托人有重大侵权行为。

②受益人对其他共同受益人有重大侵权行为。

③经受益人同意。

④信托文件规定的其他情形。

一般来说，变更家族信托的受益人需要遵循以下程序：

①获得信托公司的同意。信托公司可能会要求签署一份变更受益人的申请书，并要求提供相关证明文件。

②签署法律文件。信托公司可能会要求受益人签署一些法律文件，例如受益人声明书、权益转让书等。

③支付相关费用。变更受益人可能需要支付一定的费用，例如律师费、信托管理费等。

2.家族信托的撤销

在一些特定情况下，家族信托可能会被撤销。

（1）委托人撤销。委托人设立家族信托后，可以在信托文件中为自己保留一定的权利，以便应对将来的变化和不时之需，在必要时撤销该信托。

（2）委托人的债权人撤销。设立了家族信托以后，信托财产由委托人转向受托人，信托财产独立于委托人而存在，这样在一定程度上会造成委托人偿债能力的减弱。为了规避委托人恶意逃债而设立信托，法律赋予了委托人的债权人在一定条件下撤销信托的权利。债权人如果想要行使撤销权，需要满足三个条件：一是债权人与委托人的债权债务关系在委托人设立信托前已经存在；二是委托人以自己的财产设立信托导致其无法清偿债务，损害了债权人的权益；三是委托人依法向法院提出撤销信托申请。

3.家族信托的终止

家族信托设立后，除了变更和撤销，也可以终止。家族信托的终止需要符合一定的法律程序和条件。以下是五个可能导致家族信托终止的情形：

（1）信托目的已经实现或不能实现。如果信托目的是在特定条件下分配财产或实现某种利益，而该目的已经实现或不能实现，那么信托就可以终止。

（2）信托当事人协商一致。如果委托人、受托人、受益人等信托当事人协商一致，同意终止信托，那么信托也可以被终止。

（3）信托被撤销或解除。如果信托被依法撤销或被依法解除，那么信托终止。

（4）信托财产已全部分配完毕。如果信托财产已全部分配给受益人，那么信托终止。

（5）其他导致家族信托终止的情形。

家族信托终止后，信托关系不复存在，信托当事人的权利和义务均归于消灭。根据我国《信托法》的规定，若信托文件未对信托终止后的财产归属作出规定，则需按照相应顺序来确定归属：第一顺序为信托受益人或者其继承人；第二顺序为委托人或者其继承人。

## 第九节　家族信托的监管机制

家族信托的监管可以从多个方面进行，如对委托人身份的监管、委托人权利保留、税务监管等。

对委托人身份的监管是家族信托监管的重要方面。根据规定，委托人应当是具有完全民事行为能力的自然人、法人或者依法成立的其他组织。委托人可以是受益人的父母、祖父母、外祖父母、兄弟姐妹、配偶或者监护人。这意味着，家族信托的委托人不能是不具备完全民事行为能力的自然人，如未成年人。

委托人可以保留一定的权利，如指定或更改受益人，这些权利应当为了维护受益人的最大利益而行使。此外，委托人还应当在信托文件中明确其保留的权利，并在信托设立后将其移交给受托人。

税务监管也是家族信托监管的重要方面。税务部门对信托的税务问题进行监管，同时对家族信托的合法性和有效性进行认定。这将有助于家族信托的健康发展，同时有助于税务部门更好地掌握纳税人的情况。

除了上述方面，对家族信托的监管还应当包括对家族信托运行的监督。这可以通过法定的监督机制和信托文件约定的监督机制来实现。

（1）法定的监督机制主要是指法律赋予了委托人和受益人一系列的监督权，主要内容包括以下四点：

①信托管理知情权。委托人和受益人有权了解和查询信托事务

的处理情况，包括信托财产的保管、信托利益的分配等。

②信托财产管理方法调整请求权。因设立信托时未能预见的特别事由致使信托财产的管理方法不利于实现信托目的或者不符合受益人的利益时，委托人和受益人有权要求受托人调整该信托财产的管理方法。

③信托财产处分行为撤销申请权。当受托人违反法律或信托文件约定对信托财产进行处分时，委托人和受益人有权向人民法院申请撤销该处分行为。

④受托人解任权。受托人违反信托目的处分信托财产或者管理运用、处分信托财产有重大过失的，委托人和受益人有权依照信托文件或者申请人民法院解任受托人。

（2）信托文件约定的监督机制主要是由委托人在信托文件中自行设计和约定，以实现对受托人的有效监督。具体来说包括以下三个方面：

①在设立家族私益信托时，委托人通常会设置信托保护人机制，授予信托保护人对信托实施监督的职责，包括对受托人执行信托利益分配、信托信息披露、信托财产核算、信托清算等信托事务进行监督。

②设立保护监察委员会,通过委员会的监督来保障家族信托的健康发展。保护监察委员会可以由家族成员或家族成员以外的个人或专业机构担任,其职责是监督受托人是否按照信托契约行使职责。

③设立独立的第三方监管机构。如律师事务所或会计师事务所,目的是对受托人的行为进行监督。这些机构可以提供专业的意见和建议,帮助委托人更好地实现对受托人的监督。

总之,信托文件约定的监督机制是家族信托治理机制的重要组成部分,可以帮助委托人实现对受托人的有效监督,确保家族信托的健康发展。

家族信托的监管机制是一个综合性的体系,需要来自多方面的监管和配合,才能确保家族信托的健康发展。

## 第十节　家族信托具体案例

1. 婚姻财产信托规划

婚姻财产信托规划是一种金融工具,可以帮助未婚伴侣或夫妻规划和管理他们的财产，以确保在伴侣关系或婚姻存续期间以及未来，其财产权益得到保护。此外，信托还可以为受益人提供稳定的经济来源，比如，将资产放入信托可以确保子女的未来生活有经济保障。

具体来说，婚姻财产信托规划具有以下优势：

（1）保障财产安全。信托可以避免财产在婚内被混同，同时可以防止财产在婚内的增值部分被认定为夫妻共同财产。这样可以在离婚时确保信托财产的完整性和独立性，避免财产分割时产生纠纷。

（2）简化管理。信托财产由受托人进行管理，委托人可只了解基本的财产管理情况，这样可以减轻委托人的管理负担。

（3）延续财富传承。通过家族信托方式可以确保财产能够在未来一代代地传承下去，避免因继承问题引起财产分割纠纷。

对于高净值人士来说，婚姻财产信托规划是一种非常有效的财产保障方式。不同国家和地区的法律规定可能存在差异，因此制订信托规划需要考虑当地的法律规定和税务政策等因素，确保信托的合法合规。

案例1：

A女士，45岁，服务行业某公司负责人，经过多年打拼，在业内已经有了一定的知名度，公司发展已经走上了正轨。A女士有一个谈了多年的男朋友，二人最近有结婚的打算。

A 女士找到信托公司，有以下诉求：

（1）A 女士希望拿出自己积累的一部分财富投入家族信托，作为自己的婚前财产。

（2）A 女士想额外留出一部分资金给父母未来养老，希望这笔资金不会因公司经营状况、婚姻状况以及其他可能出现的意外情况受到影响。

信托公司给出的解决方案如图 2-1 所示。

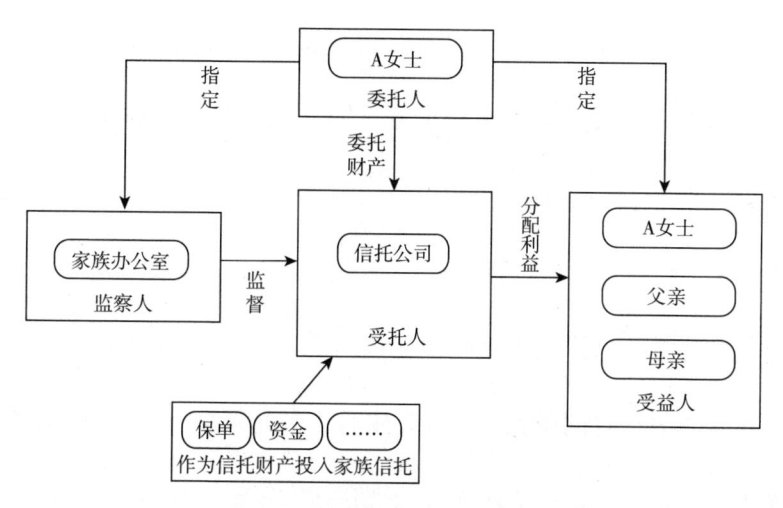

图 2-1 信托公司给出的解决方案

首先，由 A 女士在信托公司设立自己的家族信托架构；其次，A 女士把需要投入的个人财产转移到家族信托项下的信托专用账户；最后，A 女士签署单身证明等信托文件，将个人财产转变为信托财产。未来，家族信托项下的信托财产产生的收益也可用于A女士父母养老等。

案例2：

B先生，53岁，有一个女儿打算结婚。目前，B先生主要有两个担心点：

（1）B先生担心女儿结婚后，自己的资产给到女儿后会与女儿女婿的夫妻共同财产混同。

（2）B先生家人平时对女儿非常宠溺，在钱财的给予上很大方，导致女儿平时很能挥霍。女儿最近又因为父母对她晚回家的管教不满，表示要出去住。B先生帮助女儿找了很多工作，但是没有一份工作女儿能干得长，B先生也资助女儿投资过一些项目，最终钱都打水漂了。B先生说自己现在的经济条件还不错，但是也担心未来能否撑住女儿继续这样大手大脚地花钱。

在家族信托合同条款中，B先生对于女儿每个季度可领取的生活费做了一些限制。B先生认为女儿现在还太年轻，没有能力掌控太多财富，所以B先生在条款中约定，当女儿到了35岁时可以领取20%的信托资金作为创业专项资金。

信托公司的解决方案如图2-2所示。

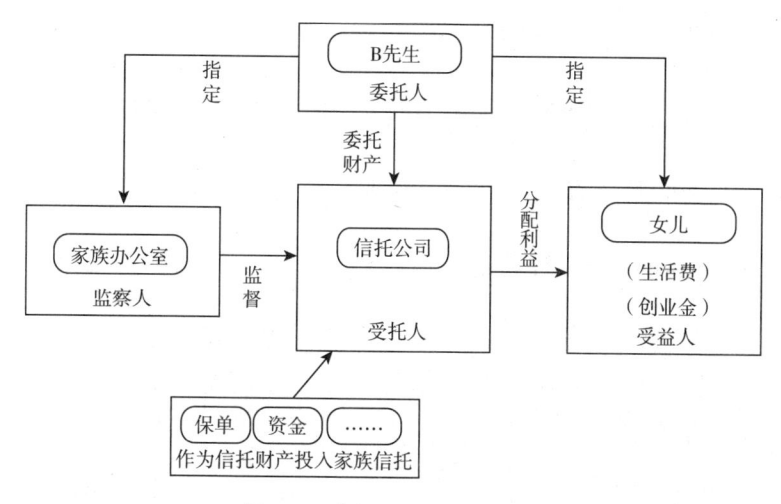

图 2-2 信托公司的解决方案

婚姻财产信托规划在实际应用中也有一些需要注意的地方。比如，夫妻一方在签订家族信托条款的时候，信托公司要求客户及其配偶签署一份配偶同意函，配偶同意函的内容写明了委托人的配偶认可委托人把放弃的双方的共同财产转变为信托财产，同时配偶也同意放弃这一部分共同财产的所有权，并将其转变为信托财产。

所以，在信托业务咨询初期，委托人需要与业务人员提前充分沟通，并对于可能出现的情况进行综合预判与提前规划。

2. 家族财富传承信托规划

把辛苦积累的财富传给谁是需要进行规划的，这也是家族信托业务中比较常见的业务。

传统的财富传承方式如遗嘱、生前赠与等无法规避财富所有人生前对财富失控、财富缩水外流或身后产生继承纠纷、后代挥霍等风险。家族信托作为常见的财富规划和传承工具，为高净值客户提供了更完美的解决方案，尤其是为老年人或有特殊需求的人。

家族信托作为一种超越生命周期、可以跨越代际的家族传承工具，在家族财富传承方面起到了巨大的作用。清华大学五道口金融学院等发布的2023年中国家族财富管理报告中显示，中国企业家不仅关注产业资本、金融资本等有形财富的传承，还重视正向价值观等精神财富的传承。越来越多的企业家表示，其在传承问题方面非常重视培养下一代开拓进取、积极奋斗的企业家精神，以及回馈社会的价值取向。

家族财富传承有不同的继承工具，家族财富传承继承工具优势比较如表2-1所示。

表2-1 家族财富传承继承工具优势比较

| 项目 | 生前赠与 | 法定继承 | 遗嘱继承 | 保单继承 | 家族信托 |
| --- | --- | --- | --- | --- | --- |
| 道德风险 | 存在继承人道德风险 | 存在继承人道德风险 | 存在继承人道德风险 | 可明确指定受益人 | 可明确指定受益人 |
| 债务隔离 | 无 | 无 | 无 | 有部分规划功能 | 有较强的规划功能 |
| 保密功能 | 无 | 无 | 遗嘱可以保密，但是办理继承公证需要继承人都到场 | 有部分保密功能 | 有较强的保密功能，且可以约定条件不予告知受益人等 |

续表

| 项目 | 生前赠与 | 法定继承 | 遗嘱继承 | 保单继承 | 家族信托 |
| --- | --- | --- | --- | --- | --- |
| 财产掌控力 | 无 | 无 | 可以调整遗嘱内容,但容易引发效力减弱或者未来继承人纠纷等风险 | 只能涉及保单的现金部分 | 可灵活调整资产分配,有较强的掌控性 |
| 财产类别 | 全部 | 全部 | 全部 | 现金 | 可装入类别多 |
| 投资属性 | 无 | 无 | 无 | 有保值、增值功能,但受限于保险产品的投资属性 | 可根据委托人的风险承受能力、用钱需求等,以多样化的产品类别搭配个性化的方案 |
| 执行便利性 | 方便 | 方便 | 继承权公证,继承人到场 | 保险公司按照合同条款给付生存金、理赔金、身故受益金等 | 信托公司按照个性化的合同条款进行灵活分配 |
| 精神传承 | 无 | 无 | 有部分功能,但对后代约束力弱,易引起挥霍风险 | 有部分功能,但受保险本身功能限制 | 有较强的规划功能,可通过条款设计对后代进行正向引导和激励,或者搭配家族宪章进行家风传承等 |
| 传承精准度 | 精准 | 精准 | 精准,但容易引起纠纷 | 精准 | 精准 |

除此之外,以上家族财富传承继承工具还有其他优劣势。

(1)生前赠与的优劣势。生前赠与是指将部分或全部财产在有生之年,以一次或分次的赠与方式进行全数移转,其优势和劣势具体如下。

①优势。第一,让子女学习用钱。将钱财赠与子女,可以让子女提早学习如何运用数量较为庞大的金钱。第二,让子女有创业本

钱。以分年赠与的方式为子女准备资金，让子女在成年时，若有意自行创业，能有充足资金完成自我抱负及理想。第三，依自我意志分配。财产所有权人可在生前意识清醒之时依自己的意志决定财产的分配调度，也可以依子女能力分配，让其管理不同性质的资产，方式较灵活，同时可避免继承时因遗产分配不明而引起家族纷争。

②劣势。生前赠与房产能够即时办理房产过户手续，受赠者能够即时拥有房屋所有权，但是可能需要支付较高的过户费用。

（2）法定继承的优劣势。具体如下：

①优势。法定继承的顺序和应继承的遗产份额以及遗产的分配原则都是清晰、明确的，这有助于继承人更好地了解自己的权利和责任。

②劣势。第一，法定继承程序烦琐复杂。例如，如果遗产是不动产等需要过户的资产，则需要履行继承权公证程序，需要全体第一顺位继承人同意并共同前往公证处办理相关手续，流程复杂且耗时较长。第二，法定继承无法直接体现被继承人的意志。尽管法定继承是在法律规定的范围内进行的，但被继承人的个人意愿可能无法得到完全体现。第三，法定继承不具备财富管理的功能。它只是对遗产进行分配，而无法对遗产进行管理和运用以满足继承人的个

性化需求。

（3）遗嘱继承的优劣势。具体如下：

①优势。第一，自主决定。遗嘱允许个人自主决定其财产的分配方式，确保个人价值观和家庭情况得到合理考虑，有助于体现出对家人的关心和关爱。第二，保护家人。当家庭成员存在财力差距或者有未成年子女需要照顾时，遗嘱能够确保他们得到合理的财产分配，体现爱和责任。第三，避免争议。遗嘱明确规定了财产的分配方式，有助于减少家庭成员之间因财产分配不明而产生争议，降低纠纷发生的概率。

②劣势。第一，遗嘱可能增加家庭成员之间的紧张关系，尤其是在遗嘱分配不公平的情况下，可能会引发家庭纷争。第二，遗嘱的制定和执行可能需要花费较长的时间和较高的金钱成本。第三，遗嘱可能存在被篡改或伪造的风险。第四，如果遗嘱中的继承人先于被继承人去世，那么遗嘱可能无法完全实现被继承人的意愿。

（4）保单继承的优劣势。具体如下：

①优势。第一，增强保障。保单具有杠杆作用，可以用较少的资金获得较高的保障，从而放大传承的资产规模。第二，定向传承。保单可以指定受益人，并且可以指定每人的受益份额，能够实现定

向、定额传承。第三，私密性。保单的受益人是谁、给受益人多少金额，只有投保人、被保险人、保险公司知道，具有很好的私密性。第四，财富保值、增值。保单具有现金价值，可以在需要时进行质押贷款或退保，而且其价值相对稳定，可以保证财富的保值、增值。

②劣势。第一，流程烦琐。受益人需要办理继承手续，可能需要提供多方面的证明材料，流程较为烦琐。第二，继承权风险。如果保单没有指定受益人或者指定不明，那么将按照法定继承顺序进行继承，存在发生纠纷的风险。第三，再分配风险。如果保单的受益人先于被保险人去世，那么保单可能无法完全实现被保险人的意愿，需要进行再分配。

（5）家族信托继承的优劣势。具体如下：

①优势。第一，传承财富稳定可靠。相比于直接继承，家族信托具有更加稳定和可靠的特点。受托人作为专业的管理人员，能够更好地处理财产，避免家族成员之间的纷争和矛盾。第二，保护家族成员的利益。家族信托可以通过合理的规划和管理保护家族成员的利益。例如，可以通过设定受益人的权利和义务，保证家族成员的利益不会被侵害。第三，隔离债务功能。信托财产在信托存续期间独立于委托人、受托人、受益人各自的固有财产，可以避免其个

人债务对信托财产产生不利影响。

②劣势。第一，成本高。家族信托的设立和维护需要一定的成本，包括聘请律师、会计师和信托公司的费用等。第二，设立复杂。家族信托的设立需要经过多方协商、制订协议等程序，比较复杂。第三，执行困难。家族信托在执行过程中可能会遇到困难，例如受托人无法履行职责、受益人意见不一致等。

由于信托对于家族财富传承有着更多的优势，所以，大部分高净值人士在选择家族财富传承工具时会选择信托。

案例3：

C先生，73岁，有一子一女。女儿因为一些事情现在已与C先生多年不来往；儿子为公务员，与妻子育有一个10岁的儿子、一个2岁的女儿。C先生在最近几年开始考虑自己财富的传承分配问题，并找了多方专业机构进行咨询。C先生希望未来资产都给到自己的儿子一家。C先生说，我的财产未来肯定是要传承给儿子一家的，但我并不想把钱过早地给孙子和孙女，那有没有什么办法可以让孙子和孙女能够拿到钱，但又不过早地拿到钱呢？

C先生最终的家族信托设计架构如图2-3所示。C先生在条款中加入了一些特别约定。例如，家人生病或者紧急情况需要一笔应急

**信托：打造财富运营思维**

金时的处理等。C先生还希望能以正向的方式引导和激励孙子、孙女未来有一个好的教育环境，上好的大学，所以其对孩子未来上的大学种类做了分类，孩子考上的学府排名越高，其每年可以支取的生活费、学费就越高。并且，C先生约定在两个孩子30岁时奖励他们一笔创业金以支持他们去创业或者投资。

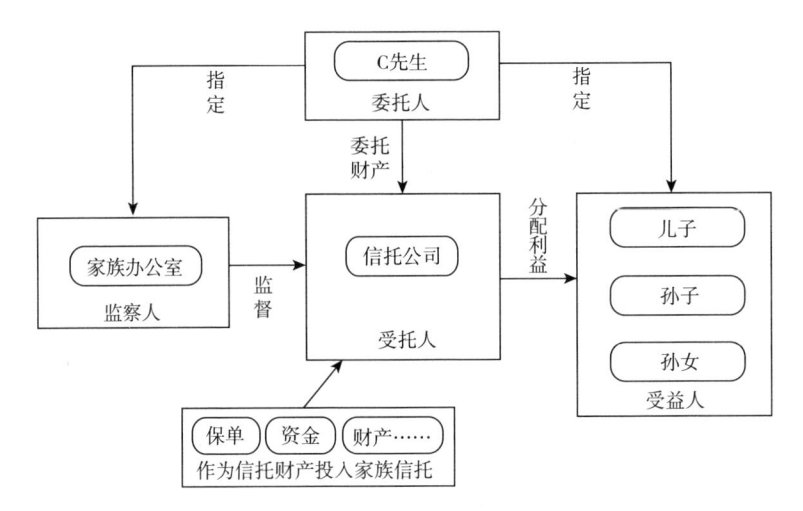

图 2-3 家族信托设计架构

# 第三章
## 其他资产服务信托业务

## 第一节　家庭服务信托

近年来,随着我国居民的财富积累越来越多、信托需求的多元化以及信托公司业务的不断创新,家庭服务信托开始逐渐进入公众的视野。家庭服务信托可以被看作一个迷你版的普惠型家族信托。对信托公司而言,家庭服务信托充满了机遇与挑战。一方面,家庭服务信托可以通过低门槛满足更多家庭的信托需求,吸引更多的客户。另一方面,就目前的运营管理来看,管理、产品投资和合作渠道开发等方面的成本对信托公司提出了巨大的挑战。在管理方面,信托公司需要投入巨大的成本;在产品投资以及合作渠道开发方面,信托公司仍然需要不断投入精力和成本。这些成本在家庭服务信托达到一定规模之后,就有可能被逐渐稀释。所以,目前一些信托机构对于家庭服务信托既有认可,又有走一步看一步的态度。

家庭服务信托是一种信托服务，由符合相关条件的信托公司作为受托人，接受单一自然人的委托，或者接受单一自然人及其家庭成员的共同委托，提供风险隔离、财富保护和分配等服务。

家庭服务信托设立要求，初始设立时实收信托不低于 100 万元，期限不低于 5 年。投资范围限于以同业存款、标准化债权类资产和上市交易股票为最终投资标的的信托计划、银行理财产品以及其他公募资产管理产品。

家庭服务信托与家族信托相比，有以下四个方面的不同：

（1）信托财产投资范围不同。家族信托的信托财产没有明确的投资范围限制，只要在符合监管要求的前提下，就可以根据委托人的需求开展各类投资运用。而家庭服务信托的投资范围有明确限制，仅限于以同业存款、标准化债权类资产和上市交易股票为最终投资标的的信托计划、银行理财产品以及其他公募资产管理产品。由此可见，家族信托的投资范围更广一些。

（2）信托期限不同。家族信托侧重财富代际传承，存续期限普遍较长，实务中不少家族信托的存续期限可达 30 年甚至更长。而家庭服务信托的设立期限规定不可低于 5 年，未来业务开展可能会以"5+×"的期限设置为主，即"五年封闭期＋开放期"。

（3）服务对象不同。家族信托更侧重于家族财富的传承和管理，而家庭服务信托更侧重于为家庭成员提供全方位的服务，包括财富管理、保障服务等。

（4）设立门槛不同。传统的家族信托初始设立时实收信托应当不低于1000万元，在实际操作中，如果没有特殊约定，就是无固定期限。家庭服务信托初始设立时实收信托应当不低于100万元，期限不低于5年。

案例1：

A先生，45岁，与妻子有一个10岁的儿子，A先生目前处于事业的上升期，希望通过自己的工作给夫妻俩及孩子一个稳定、美好的未来。A先生考虑到以自己目前的资金实力还不足以达到家族信托的门槛，所以选择以家庭服务信托的方式把资产放入架构中，未来可以满足夫妻两人的养老以及孩子的生活需求。

信托公司给出的解决方案如图3-1所示。

随着经济的发展和人们财富管理观念的转变，家庭服务信托业务的发展前景广阔。信托公司应积极布局此业务，为客户提供更加优质、个性化的服务，同时加强与客户的沟通与交流，及时了解客户需求，不断提高服务质量和水平。

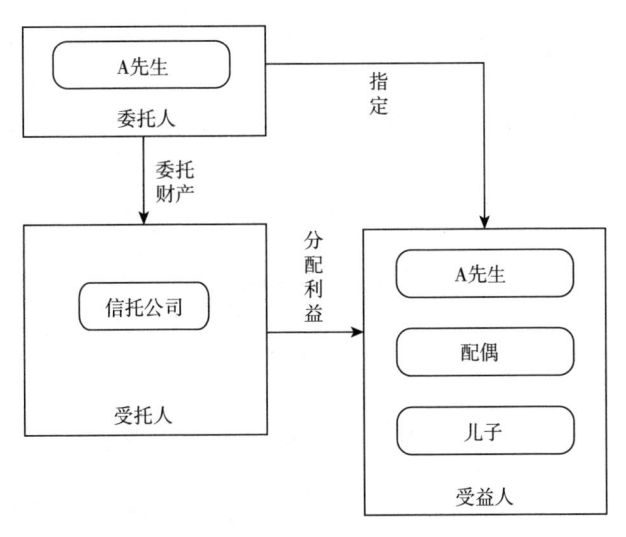

图 3-1　信托公司给出的解决方案

## 第二节　保险金信托

保险金信托，简单理解就是由委托人与信托机构签订保险金信托合同，约定当需要理赔时，理赔金交由信托公司，由信托公司按照委托人的意愿，为特定受益人在信托存续和终止时分配利益的一种金融组合工具。保险金信托的委托人可以是单一自然人，也可以是单一自然人及其家庭成员。

保险金信托是一种跨领域的信托服务，它是委托人以财富的保护、传承和管理为目的，将人身保险合同的相关权利和对应利益以及后续支付保费所需资金作为信托财产设立信托。当保险合同约定的给付条件发生时，保险公司按照保险约定将对应资金划付至对应信托专户，由信托公司按照信托文件管理。

对于保险金信托的门槛，各家信托公司的规定不一样，有的保险金信托门槛为300万元，有的保险金信托门槛为100万元。保单以总保费或者保额的方式达到门槛标准即可，所以在保险金信托的实际运用当中，可以使用带杠杆的寿险以杠杆的方式降低客户的初始以及后续资金投入门槛。

1.保险金信托的优势

保险金信托的优势有以下几点：

（1）门槛较低。信托公司通过与保险公司合作，利用保险的杠杆效应，可以让客户以较低的保费获得较高的保障，从而降低了信托的门槛。

（2）突破受益人限制。比如，尚未出生的人无法被指定为保险受益人，而保险金信托可以突破这一限制，指定未出生的第二代或者第三代为受益人,实现财富的代际传承。

(3)灵活安排给付。保险金信托可以根据委托人的意愿,在信托协议中设定不同的给付条件和时间,满足委托人的个性化需求。

(4)债务隔离。信托财产具有独立性,可以隔离委托人的债务风险,保护受益人的利益。

(5)可指定次受益人。保险金信托可以指定次受益人,在主受益人先于被保险人死亡时,次受益人可以继续享有信托利益。

(6)具备全面的风险隔离功能。保险金信托真正实现了保单的控制权、所有权以及受益权三权分立的全面隔离。

(7)实现保单的集中管理。即家族中同一投保人、不同被保人、不同保险机构的保单集中管理和家族成员受益权再均衡。

2. 保险金信托的劣势

保险金信托的劣势具体如下:

(1)成本较高。由于保险金信托涉及保险和信托两个领域,因此其设立和维护的成本相对较高。

(2)风险分散程度不够。虽然保险金信托的受托人通常是信托公司或银行,可以将保险金投资于多种资产以降低投资风险,但相比于普通的投资产品，其风险分散程度仍然存在局限性。

（3）投资决策风险。如果受托人的投资决策不当，可能会影响保险金的安全性和设立信托目的的实现。

（4）保险和信托不独立。保险金信托虽然在某些方面具有独立性，但保险和信托二者之间存在关联性，可能会导致不确定性增加。

3. 保险金信托的模式

保险金信托的模式分为1.0模式、2.0模式和3.0模式。

（1）保险金信托1.0模式。1.0模式的设立只是在保险合同生效后，将受益人变更为信托公司，而在没有发生理赔的时间段里不会产生管理费等费用。当保单发生赔付时，保险金直接赔付给信托公司，再由信托公司按照信托合同的约定对信托财产进行管理和处置，并向信托受益人分配信托利益。

在保险金信托1.0模式下，客户购买的通常是带有身故保险金的寿险或者大额年金险，然后在保险公司做保全，将受益人变更为信托公司，同时在信托公司设立信托专户，未来由信托公司负责保险金的管理、处置以及个性化分配。

保险金信托1.0模式的操作模式如图3-2所示。

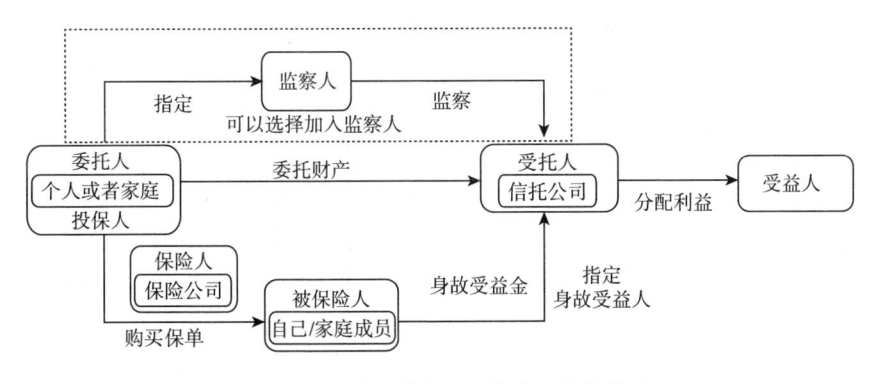

图 3-2　保险金信托 1.0 模式的操作模式

**案例 2：**

B 先生，33 岁，从事互联网行业。B 先生大学期间在海外学习了 6 年，然后回国参加工作。让 B 先生一直耿耿于怀的一件事情是家里花了很多钱供他读书，B 先生目前的工资收入虽然较同龄人还不错，但不足以回报父母多年来的付出。B 先生一直有把每年的收入固定存下来的习惯，想着万一自己出现意外情况，能尽量多地给父母留下一些保障。B 先生最终选择每年用自己收入的一部分购买终身寿险，以撬动保险金信托的杠杆。这样自己就不会再担心万一未来有什么意外状况发生，父母的生活没有保障了。当然，未来成家后，B 先生也可以把更多的家人纳入信托的收益序列里面来，甚至在资金充足的情况下，B 先生可以追加资金到信托架构中去达成自己未来更多的一些期望。

信托公司给出的解决方案如图3-3所示。

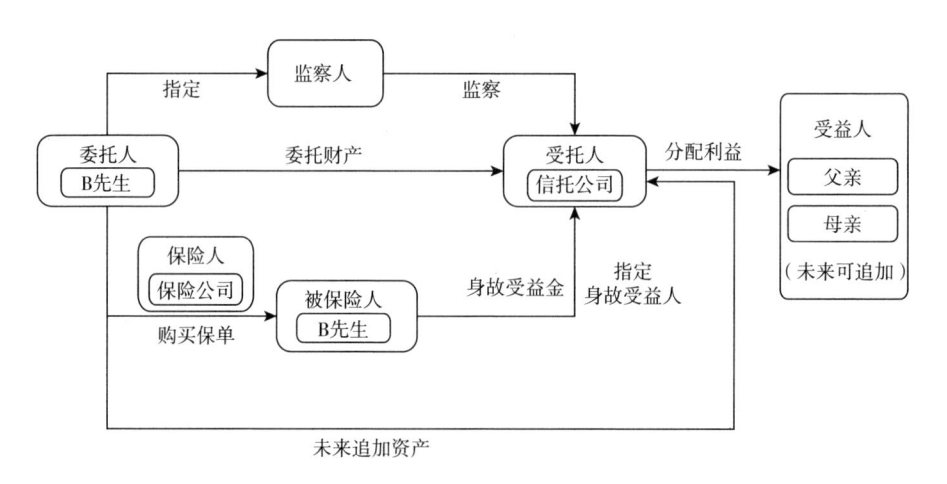

**图 3-3　信托公司给出的解决方案**

保险金信托1.0模式是保险金信托的基本模式，其综合了保险和信托的优势，同时委托人可保留退保等权利，灵活度较高，但其资产隔离功能相对较差，有投保人身故后保单作为遗产被分割或作为投保人财产被强制退保的风险。

（2）保险金信托2.0模式。保险金信托2.0模式是在1.0模式的基础上的升级版本，其设立标准更高一些。在保单生效后，投保人和受益人均需要变更为信托公司，并且将续期保费一并交给信托公司作为信托财产，后续的保费由信托公司直接缴纳，同时在信托公司设立信托专户。

（3）保险金信托3.0模式。保险金信托3.0模式需要委托人先以自有资金设立信托,再委托信托公司以投保人的名义购买保险产品,信托公司直接作为投保人的身份存在,无须进行保全变更,从投保、保单持有、发生理赔到理赔金的分配,全周期都由信托公司直接处理,全程独立。保险金信托 3.0 模式下,由委托人设立的信托直接出资为被保险人购买保单,充分隔离风险。

案例 3:

C 先生,53 岁,经营一家企业,与妻子有一个 25 岁的儿子和一个 23 岁的女儿。C 先生在金融投资方面非常谨慎,比较认可保险产品,认为保险是一个不错的金融工具。过往他为家人买过很多份保险,已交保费为 4000 多万元。目前,C 先生已经让儿子和女儿都进到自己的企业中来,希望未来两个孩子可以接他的班,但是他怕未来兄妹之间可能在股权以及公司运营管理等方面产生纠纷,为此他一直在想一个可行的办法,希望在未来孩子们顺利继承家业的同时家庭和睦。同时,C 先生也希望能赶紧抱上孙子和孙女。

C 先生将保单以及部分现金资产投入信托,配合公司股东章程,在信托合同条款中做了一些约定,即相应地给予未来在股权方面处于弱势的一方一些资金上的补偿,并且儿子或者女儿每多生一个孩子,就可以从信托资金中多领取一部分日常生活费。同时约定用信托中的资金给未来出生的宝宝们投保大额的年金保单,争取给孩子一个无忧的未来。

信托公司给出的解决方案如图3-4所示。

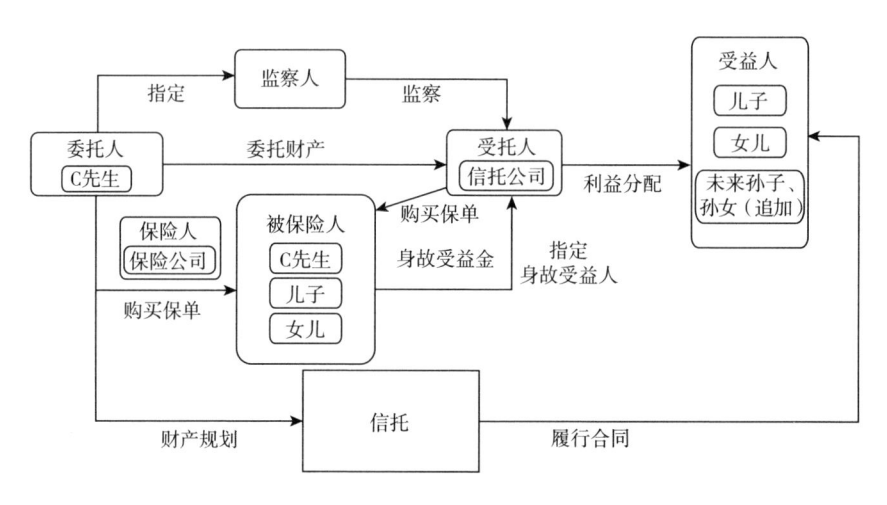

图3-4 信托公司给出的解决方案

相比其他模式，保险金信托3.0模式具有以下优势。首先，风险隔离。即使委托人或受益人在信托设立后去世，信托财产也不会受到影响，可以继续按照合同约定进行管理。其次，全方位托管服务。保险金信托3.0模式可以在投保阶段、保单持有、理赔之后三个阶段为客户的保单提供全方位的托管服务，更好地保障客户的利益。最后，扩大投保品种。保险金信托3.0模式可以突破传统的人寿保险的规定限制，将投保品种扩大为多种保险类别，让保险成为信托财产资产配置的组成部分，进一步发挥保险金信托在实现财富管理方面的作用。

总体而言，保险金信托的三种模式有其各自的优点和适用场景，具体选择哪一种模式需要根据实际情况和客户需求进行选择。

## 第三节　特殊需要信托

特殊需要人群包括但不限于失能和失智老人、患有自闭症或孤独症的孩童，以及其他生活不能自理的特殊群体。这类人群对长期护理和陪伴的需求被社会逐渐认知，而针对该类人群服务的制度供给和产品供给严重不足。因此，我们需要广泛借助市场的力量，通过商业和受托服务相结合的方式，为其提供综合性的解决方案。

特殊需要信托是一种以服务特殊需要人群为主要目的的信托制度安排，由信托公司、非营利组织或政府部门依据相关法律为有特殊需要的人群设立，旨在为该类人群的护理、残疾设施等生活基础需求提供资金支持。特殊需要信托具有长期性、特定性和复杂性的综合特征，是服务信托的一种特别表现形式。

特殊需要信托的受托人须按照委托人设立特殊需要信托的信托

目的，为受益人的最大利益服务。这种信托具有一般民事信托的特点，同时不影响信托受益人的社会福利资格，以满足特殊需要人群有质量、有尊严地生存和发展的需要。

信托财产具有法律上的独立性，受托人仅根据与委托人的合同条款约定对财产进行处置与分配，这样既可以找到靠谱的第三方机构对受益人未来的生活进行全方位的照料，又可以有效防止第三人侵占和挪用信托财产。

特殊需要信托有效防范了委托人去世后受益人无法掌控财产导致财产流失的风险，可以做到信托财产的专款专用。根据对特殊需要者充分的评估以及委托人对其未来生活质量的期许，信托机构给出一个大概的预算范围，然后委托人将资产投入特殊需要信托。

因为特殊需要信托要解决的是一旦委托人不在，如何给特殊需要者提供一些更符合委托人心理预期的照料和有保障的生活这一问题。通过结合保险金信托的方式，利用叠加保单的作用，把身故受益人改为信托公司可以完美解决这个问题。当委托人不在之后，特殊需要信托开始根据信托受益人的实际状态，按照约定决定是固定发放利益金还是通过将利益金（完全/部分）支付给康复照料机构的方式来对接信托受益人未来的生活。

信托公司在实际业务中发现，制订康复照料机构的筛选标准、判断康复照料机构未来存续的时间长短等存在一定的困难。为此，有些信托公司开启了管理委员会的模式，即通过与专业的机构、公益慈善组织合作，共同组成一个管理委员会。信托公司通过管理委员会来调整康复照料机构的动态白名单，以此给予客户一个安心的未来保障。同时，信托机构建立一个互助信托/慈善信托，向公众募集专项资金用于未来给予这些特殊需要信托家庭一些必要的支持，比如某一个特殊需要信托在未来的某一年出现了资金用完的情况。

案例4：

客户D先生，有一个25岁的患有严重自闭症的孩子。D先生经营着一家企业，积累了一部分积蓄。像其他的家长一样，D先生与妻子很早就开始考虑并且研究未来两个人不在之后，孩子的生活照料问题。D先生希望找到一个靠谱的专业机构，可以给孩子未来一个相对好的、有品质的生活，这样夫妻两人就放心了。

D先生选择通过特殊需要信托解决这个问题。在评估了孩子的状态以及未来的生活照料方式后，D先生得到了一个初步的预算结果。之后，D先生为孩子选择了一份针对自家孩子情况的保单，并且把身故受益人改为信托公司；同时，D先生将一部分现金资产投入信托架构。D先生通过信托条款对孩子未来的生活照料做了专项的约定，即专属于孩子未来安全生活保障的规划，同时搭配遗嘱指定未来监护人。最后，D先生考虑到未来可能发生孩子先于大人不在的状况，在条款中约定一旦这种情况发生，那么信托中50%的资金将捐助给互助信托，以帮助其他有类似情况的孩子和家庭。

信托公司给出的解决方案如图3-5所示。

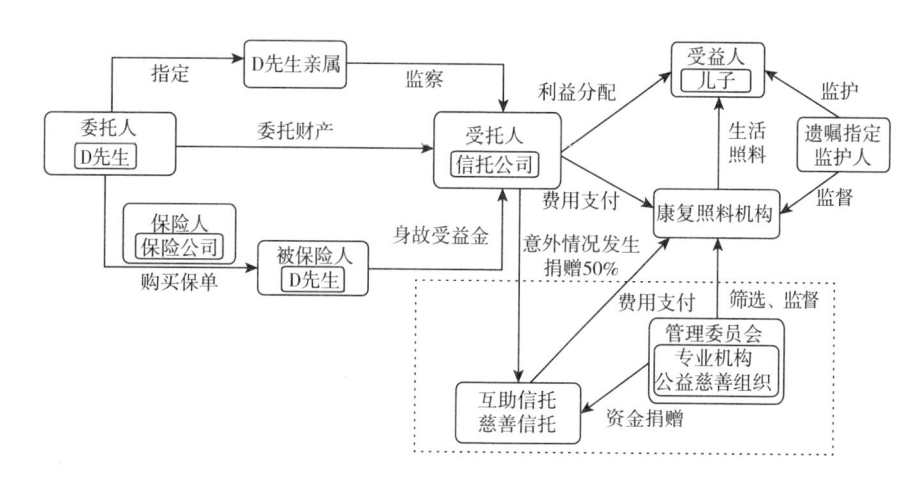

图3-5 信托公司给出的解决方案

案例5：

E先生，60岁，有一个40岁患有心智障碍的儿子。E先生希望未来自己过世后能有人或者专业机构来照顾自己的孩子。E先生手中有一些存款以及两套房产，计划一套房产留给孩子住，另一套房产在自己过世后卖掉并把钱留给孩子。但是E先生没有其他的亲属可以作为儿子未来的监护人,所以卖房子这件事情好像在自己过世后不容易实现,但是因为一些原因,E 先生现在并不想卖掉房子,所以 E 先生一直在寻求一个好的解决办法。

那么,可以约定居委会作为孩子未来的监护人,并且在未来帮助孩子处置一套房产,所得资金按照约定投入特殊需要信托,以便给孩子一个安全且有保障的生活。

信托公司给出的解决方案如图 3-6 所示。

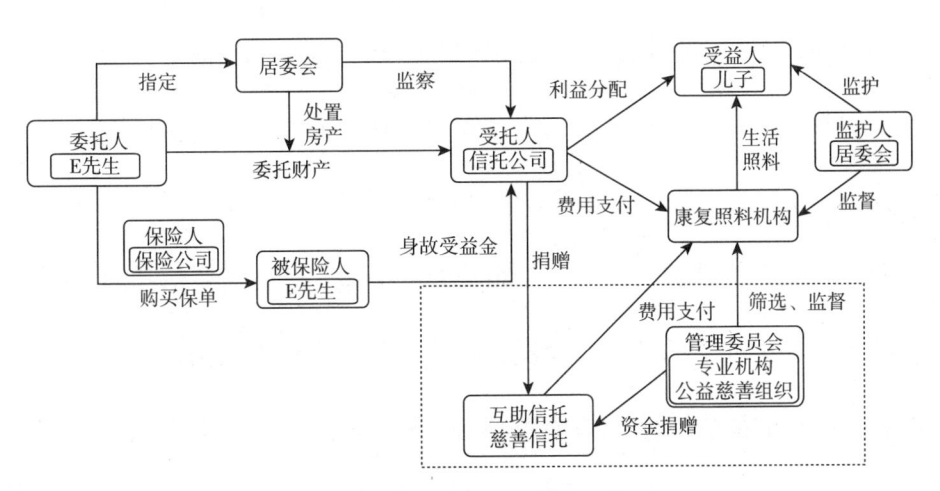

图 3-6 信托公司给出的解决方案

关于特殊需要信托,需要注意的事项有以下五点:

(1)清晰界定受托人的权利和义务范畴。受托人不承担提供照护服务、指定或变更服务机构等不属于专业金融服务范畴的职责,但需在业务开展过程中与专业的残障人士帮扶组织或机关单位建立合作关系，由其指定专业照护、服务等机构或协助指定机构白名单，以保证机构的权威性；在变更相关机构方面，也需设定为由委托人或监护人提出变更申请并经受托人形式审查、确定符合选定标准或范围后执行，以保障受益人的相应权益。

（2）以更严格的标准履行受托人职责。特殊需要信托需要为特殊需要人群提供基本生活保障，进而提高其生活质量。因此，受托人在整个方案设计、信托设立、运营管理等阶段都需要充分尽责。特别是项目管理阶段需要通过以较高频次、较小额度固定分配的方式根据协议向专业服务机构定期支付费用，并按照要求保证医疗费用支付等特殊分配管理实现对受益人权益的保障。

（3）妥善处理与其他利益相关方的关系。特殊需要信托的分配方案按照委托人的意愿进行设计，并在信托运行中依据委托人或监护人发出的指令执行，同时受监察人的监督。

（4）信托财产投资管理的安全与收益问题。对于以资金设立的特殊需要信托，受托人需要依据投资顾问出具的投资建议或委托人指定的投资代表发出的投资指令完成信托财产投资。在无有效投资顾问或投资代表或均未指定的情况下，应由受托人根据风险测评等级完成资产配置，可将信托财产投资于银行存款、货币市场基金等低风险产品，以保障投资管理的安全性；同时保障一定的资金流动性，以确保为特殊需要受益人提供及时、有效的利益分配支持。

（5）受益人护理等服务机构的选择问题。特殊需要信托通常需要与多家照护、咨询、服务、培训等相关机构建立联系并签订服务合同，为受益人提供日常照料、需求评估、教育等各类身心方面的专业服务，且此类服务还应由第三方机构评估并接受监察人监督，以确保服务的长期稳定和有效。因此，机构的选定及变更需要提前确定标准和方案。

## 第四节　遗嘱信托

遗嘱信托也称为死后信托，是指立遗嘱人于遗嘱中载明将其全部财产或一部分财产在其死亡后信托于受托人，使受托人按照约定为遗嘱中指定的受益人或按照其他特定目的管理及处分信托财产。

遗嘱信托的根基在于遗嘱,与遗赠一样,遗嘱信托的存在不能脱离遗嘱,这一构架使作为局外人的受托人参加了继承法律体系,从而打破了继承活动仅局限于家庭、家族内部的旧制,使继承公开化。

遗嘱不同于遗嘱信托。遗嘱是设立遗嘱信托的基础行为,遗嘱信托是遗嘱设立信托的最后结果。遗嘱只有一方当事人,即立遗嘱人;而遗嘱信托在遗嘱生效后开始成立,由于在遗嘱信托成立时,委托人已经死亡,遗嘱信托实际上只有受托人和受益人两个当事人,没有委托人。

根据《信托法》第十三条规定,设立遗嘱信托应当遵守继承法关于遗嘱的规定。遗嘱指定的人拒绝或者无能力担任受托人的,由受益人另行选任受托人;受益人为无民事行为能力人或者限制民事行为能力人的,依法由其监护人代行选任。遗嘱对选任受托人另有规定的,从其规定。

遗嘱信托具有以下功能和优势:

(1)财产保护功能。遗嘱信托将遗产分期、分事分配,避免一次性给付继承人,可以有效规避继承人挥霍及浪费风险。

(2)保护遗嘱的贯彻和长久执行。信托财产在受托人名下,受益人只是定期或者不定期地获得信托利益，这种方式能够实现财富的保值、增值功能，有助于家族财富的持续性增长及信托利益分配的长久实行。如果继承遗产后，继承人不思进取，受托人可以根据遗嘱人的遗愿停止向其支付信托利益，这样更有利于遗嘱的贯彻和长久实行。

（3）个性化设计。比如，受益人获得某项荣誉或者达到其他目标，则可以奖励其更多的信托财产，这样可以激励受益人形成良好的生活习惯。

（4）具有较大灵活性。通过明确信托约定，可以将未成年受益人收取遗产资金的时间延迟，甚至将继承权利延续至下一代，更可以指定特殊条件（例如受益人必须先完成大学教育等），这是其他遗产安排难以实现的。

然而，遗嘱信托也有一些缺点，具体如下。

（1）设立和执行成本高。遗嘱信托需要聘请专业的律师和信托公司来设立和管理，这会增加成本。此外，在执行过程中可能需要多次进行法律咨询或程序处理，因此成本相对较高。

（2）不易进行变更和撤销。遗嘱信托一旦设立，就很难进行变更和撤销，如果需要进行变更或撤销，则需要经过一系列的法律程序和处理流程，这样会耗费时间和金钱。

遗嘱信托是一种重要的财产规划方式，在未来有着广阔的发展前景。比如，遗嘱信托能够以遗嘱的方式设立信托，不仅可以对身后财产分配作出安排，还可以不进行财产的实际分割，有助于家族内部的和谐。再如，很多人希望在生前能持续掌控财产，遗嘱信托可以实现这一目的。

目前，信托公司在积极探索和研究遗嘱信托的业务模式和收费模式。未来，随着法律法规的完善和市场规模的不断扩大，遗嘱信托将会成为一种重要的财产规划方式，具有广阔的发展前景。

# 第四章
# 资产管理信托业务

## 第一节　固定收益类信托计划

根据《信托业务分类通知》，固定收益类信托计划是投资于存款、债券等债权类资产的比例不低于80%的信托计划。它是由信托公司发行的、收益率和期限都固定的信托产品。融资方通过信托公司向投资者募集资金，并通过将资产抵押/质押给信托公司，以及第三方机构担保等措施，保证到期归还本金及收益。

投资者通过购买信托计划的份额将资金委托给信托公司，由其进行专业、多元化的投资管理。信托计划通常会以固定收益为主要投资目标。例如，通过购买存款、债券以及其他固定收益类资产实现投资回报。

1.固定收益类信托计划的特点

在金融市场环境下，固定收益类信托计划作为一种重要的投资工具，表现出以下四方面的特点：

（1）市场需求持续增长。随着经济的发展和居民收入水平的提高，人们对财富管理的需求不断增加。固定收益类信托计划作为一种高收益、稳健型的投资产品，越来越受到广大投资者的青睐。特别是在当前经济环境下，许多投资者更加注重资产的安全性和收益的稳定性，因此固定收益类信托计划的需求呈现持续增长的趋势。

（2）投资领域多元化。固定收益类信托计划的投资领域比较广泛，包括但不限于基础设施、房地产、能源、制造业等领域。通过将资金投入不同的行业和领域，信托公司可以有效地分散投资风险，提高资产的质量和收益水平。

（3）风险管理意识强化。在金融市场环境下，风险管理是至关重要的。固定收益类信托计划通常采用结构化的投资方式，通过优先级和劣后级的设置，以及各种增信措施的应用，可有效地降低投资风险。同时，信托公司也加强了对项目的筛选和尽职调查，确保项目的合规性和风险的可控性。

（4）创新力度加大。为满足市场的需求和适应金融环境的变化，固定收益类信托计划不断创新。例如，一些信托公司推出了一些浮动收益型、混合型等创新型固定收益类信托产品，以满足不同投资者的风险偏好和收益需求。

**2. 固定收益类信托计划的优点**

固定收益类信托计划的优点有以下四点：

（1）安全性较高。信托公司发行的所有产品都需要向中国金融监督管理总局报备，整个行业受到监管。

（2）收益率较高。固定收益类信托产品的收益率通常较高，能够超越市面上绝大部分的固定收益类理财产品。

（3）投资领域广。信托产品可以跨越货币、资金、实业三个领域。

（4）个性化定制。信托公司可以根据客户的喜好和特性量身定做信托产品，利用专业的知识、经验和技能进行组合投资，以降低投资风险，提高投资收益。

**3. 固定收益类信托计划的缺点**

当然，固定收益类信托计划也存在一些缺点，具体如下。

（1）投资过于集中。信托产品募集的资金一般集中投资给一家企业或者一个项目，这对于资产量不是很大的投资者来说，投资显然过于集中。

（2）流动性差。信托产品的流动性相对较差，一般情况下，投资者在购买信托产品后不能随时赎回，只能在约定的时间按照约定的方式进行转让或者提前终止合同。

（3）风险不可忽视。虽然固定收益类信托产品的收益率较高，但是一旦出现融资方资金链断裂等风险事件，可能会对投资者的本金造成损失。

总之，固定收益类信托计划在信托中扮演着提供稳定收益和风险管理服务的角色。通过合理的资产配置和制定科学合理的投资策略，可以为信托带来长期稳定的回报，同时降低风险，确保资产的安全。

## 第二节 权益类信托计划

根据《信托业务分类通知》，权益类信托计划是投资于股票、未上市企业股权等权益类资产的比例不低于80%的信托计划。相较于固定收益类信托计划，权益类信托计划获得的收益更高，但同时带来的风险也较大。最常见的权益类产品所配置的资产为股票，其资产配置和基金类似。

1. 权益类信托计划的优点

权益类信托计划具有以下优点：

（1）高收益。权益类资产通常具有较高的收益潜力，因此其对应的信托产品也具有较高的预期收益。

（2）投资领域广泛。权益类信托计划的投资领域比较广泛，包括但不限于股票、基金、房地产等，这使投资者可以根据自己的风险偏好和收益目标进行灵活选择。

（3）专业管理。信托公司通常会雇佣专业的投资经理来管理权益类信托计划，这些投资经理具有丰富的投资经验和专业知识，以确保投资项目产生稳健的投资收益。

2. 权益类信托计划的缺点

当然，权益类信托计划也存在一些缺点，具体如下。

（1）风险高。权益类资产的价格波动较大，因此权益类信托计划也具有较高的风险。如果市场行情不好，那么投资者可能会面临较大的损失。

（2）流动性差。与固定收益类信托计划相比，权益类信托计划的流动性相对较差。如果投资者需要资金应急，那么可能需要自己找第三方投资人在信托公司办理过户手续。

（3）投资时间长。权益类信托计划的存续期通常较长，这也意味着投资者需要长期投资，不能随时赎回资金。

（4）投资者门槛较高。权益类信托计划的投资者通常需要具备较高的风险承受能力和资金实力，因此其投资者相对较为有限，这也使该类信托计划的规模相对较小。

（5）管理难度较大。权益类资产的价格波动较大，因此需要投资经理具有较强的市场分析能力和风险管理能力，以保障投资者的利益。

3. 权益类信托计划在金融市场上的表现

权益类信托计划目前在金融市场上的表现如下：

（1）受金融市场波动影响较大。权益类信托计划的收益与市场波动密切相关。在市场行情好的时候，其收益较高；但在市场波动大或市场行情下行时，其收益可能不理想，甚至可能出现本金损失的情况。

（2）逐渐受到重视。虽然权益类信托计划的风险相对较高，但其收益潜力较大。随着市场的变化和一些投资者对高收益的追求，权益类信托计划逐渐受到市场的重视。

## 第三节　商品及金融衍生品类信托计划

根据《信托业务分类通知》，商品及金融衍生品类信托计划是指投资于商品及金融衍生品的比例不低于80%的信托计划。这种信托计划通常由信托公司发起，使用集合投资者的资金进行商品及金融衍生品投资，并从中获取投资收益。

商品及金融衍生品是两个广泛的资产类别，因此该类信托计划的投资策略和风险管理方式会有所不同，具体需要根据不同的信托公司和投资者的风险偏好进行选择。

商品及金融衍生品类信托产品的面世不仅是理财产品的创新突破，还为投资者提供了更多选择。

但是，商品以及金融衍生品市场相对复杂，不具备一定的专业知识与经验的投资者不敢轻易尝试。另外，高杠杆、高风险是金融衍生品类信托的主要特征。简单来说，就是将杠杆放大后获得数倍收益或承担数倍损失。市场的复杂性与工具的高杠杆性是商品与金融衍生品投资的高风险因素,所以该类信托计划的净值波动会高于其他类型理财产品,这也意味着其存在获取高额投资回报的机会。

1.商品及金融衍生品类信托计划的市场表现

目前,商品及金融衍生品类信托计划在金融市场中的表现呈现出以下两个特点:

(1)收益波动性较大。由于商品及金融衍生品类信托计划投资于商品及金融衍生品市场,该市场的波动性较大,其收益波动性也相对较大。

(2)投资者数量少。商品及金融衍生品类信托计划通常要求投资者具备较高的资金实力和投资经验,因此其投资门槛相对较高,这也使该类信托计划的投资者数量相对较少。

2.商品及金融衍生品类信托计划的优点

商品及金融衍生品类信托计划的优点主要表现在以下四方面:

(1)收益较高。商品及金融衍生品类信托计划通常投资于高潜力、高收益的资产,因此相较于其他类型的信托计划,其预期收益较高。

(2)投资多样化。商品及金融衍生品类信托计划可以投资于多种商品及金融衍生品，如能源、农产品等，从而分散投资风险，同时满足不同投资者的风险偏好和收益需求。

（3）灵活性强。商品及金融衍生品类信托计划可以根据市场的变化情况和投资者的需求，随时调整投资策略和投资组合，具有较大的灵活性。

（4）风险管理能力较强。商品及金融衍生品类信托计划通常由专业的风险管理团队进行管理并设有风险控制措施，能够有效地降低投资风险，提高投资收益的稳定性。

3.商品及金融衍生品类信托计划的缺点

商品及金融衍生品类信托计划的缺点具体如下。

（1）风险较高。由于商品及金融衍生品市场的波动较大，商品及金融衍生品类信托计划的风险相较于其他类型的信托计划较高，可能会出现资金损失的情况。

（2）专业技能要求高。商品及金融衍生品类信托计划的投资者需要对商品及金融衍生品市场有深入的理解和投资经验。

（3）门槛较高。商品及金融衍生品类信托计划的风险较高，因此其投资门槛通常也较高，一般要求投资者具有一定的资金实力和投资经验。

4.投资者需注意的问题

对于投资者来说，选择商品及金融衍生品类信托计划需要注意以下三点：

（1）了解投资策略和风险管理措施。投资者需要了解该信托计划的投资策略和风险管理措施，包括投资哪些商品及金融衍生品、投资比例、持有时间、止损措施等。

（2）评估自身风险承受能力。商品及金融衍生品市场波动较大，投资者需要评估自己的风险承受能力，并根据自己的风险偏好选择合适的投资策略和投资产品。

（3）关注市场动态和政策变化。投资者需要关注市场动态和政策变化，及时调整自己的投资策略和风险控制措施。

## 第四节　混合类信托计划

根据《信托业务分类通知》，混合类信托计划是指投资于债权类资产、权益类资产、商品及金融衍生品类资产，且任一资产的投资比例未达到前三类产品标准的信托计划。换句话说，混合类信托计划是同时投资于多种资产类型的信托计划，包括债权类资产、权益类资产、商品及金融衍生品类资产等。

混合类信托计划通过同时投资多种资产类型分散投资风险，降低单一资产的风险敞口。同时，通过优化资产配置，混合类信托计划还可以获得资产的多元化投资收益，为投资者提供更加稳健和可持续的收益回报。

在选择混合类信托计划时，投资者需要根据自己的风险偏好和收益目标进行合理配置和风险管理。同时，投资者还需要关注信托公司的投资能力和风险控制能力，以确保信托资金的安全和稳定回报。

1.混合类信托计划的特征

混合类信托计划的特征主要包括以下两点：

（1）资产配置灵活，风险收益特征多元。混合类信托计划在资产配置和投资标的优化选择上更加灵活，不同资产的搭配会呈现出不同的风险收益特征。

（2）投资风险分散。混合类信托计划通过债券久期策略、杠杆策略、股票多头、打新、量化投资等多种策略的组合配置，控制单一策略失效对产品净值的影响程度，提高信托计划对不同市场环境的适应能力，分散投资风险。

2.混合类信托计划的优点

混合类信托计划的优点主要包括以下四点：

（1）风险分散。混合类信托计划投资于多种资产类型，可以分散投资风险，降低单一资产的风险敞口。

（2）灵活性高。混合类信托计划可以根据市场的变化和投资者的需求，随时调整投资策略和资产配置，具有较高的灵活性。

（3）多样化投资。混合类信托计划可以投资于债权类资产、权益类资产、商品及金融衍生品类资产等多种资产类型，使投资组合更加丰富和多样。

（4）专业投资管理。混合类信托计划通常由专业的信托公司进行投资管理和运作，这些公司有经验丰富的投资团队和风险控制机制，可以为投资者提供专业的投资服务和风险管理方案。

3.混合类信托计划的缺点

混合类信托计划的缺点具体如下。

（1）投资门槛高。混合类信托计划的投资者门槛通常较高，一般要求投资者具有一定的资金实力和投资经验。

（2）投资风险较高。虽然混合类信托计划可以分散投资风险，但其仍然存在一定的投资风险。投资者需要关注市场动态和政策变化，及时调整自己的投资策略和风险控制措施。

（3）受托人责任重大。在混合类信托计划中，受托人需要承担更多的责任和风险。如果受托人管理不当或违规操作，可能会给投资者带来损失。

4. 投资者需注意的问题

混合型投资在金融市场的表现因市场条件和投资者的风险承受能力而异。在市场波动较大或投资者的风险承受能力较高的情况下，混合型投资可以通过分散投资的方式降低单一资产的风险，并通过灵活调整资产配置来获取更加稳健和可持续的收益回报。例如，在股市和债市之间进行资产配置，可以降低单一市场波动带来的风险；同时，投资多种类型的资产可以降低单一资产类型的风险敞口。然而，在市场波动较小或投资者风险承受能力较低的情况下，混合型投资可能会增加投资者的风险敞口。再如，当股市和债市都处于下跌趋势时，投资于两种市场的混合型投资可能会遭受更大的损失。

此外，混合型投资的灵活性也可能带来一些问题。例如，当市场出现新的机会或投资者需要调整投资策略时，混合型投资可能需要更加烦琐的调整步骤和决策过程，这可能会使投资者错过一些市场机会或增加决策错误的风险。

因此，在选择混合类信托计划时，投资者需要注意以下方面：

（1）信托公司的资质和信誉。选择有良好资质和信誉的信托公司是保证信托资金安全和获得稳健收益的重要保障。投资者应该仔细了解信托公司的背景、业绩、团队实力、风险控制能力等方面的信息，并选择自己信任的信托公司。

（2）投资策略和资产配置。投资者需要了解混合类信托计划的投资策略和资产配置情况，包括投资领域、投资比例、投资周期、止损措施等。投资者应该根据自己的风险偏好和收益目标选择适合自己的投资策略和资产配置方案。

（3）投资收益和稳定性。投资者需要注意混合类信托计划的预期投资收益及其稳定性。一般来说，混合类信托计划的预期收益会略高于单一资产类型的信托计划，但也存在一定的投资风险。投资者应该根据自己的资金需求和风险偏好，选择适合自己的投资方案。

（4）受托人的专业能力和责任感。受托人是信托计划的执行者和管理者，其专业能力和责任感直接关系信托资金的安全和收益。因此，投资者需要选择具有丰富经验和专业团队的受托人，以确保信托计划的顺利执行和资产的稳健增值。

（5）信托合同和法律条款。投资者需要仔细阅读信托合同和相关法律条款，了解自己的权利和义务以及信托计划的风险和费用等情况。在签署合同之前，投资者应该与信托公司或律师进行充分沟通，以确保自己的利益得到充分保障。

# 第五章
# 慈善信托业务

## 第一节　当代慈善信托浅析

1. 什么是慈善信托

慈善信托是一种公益信托，是指委托人基于慈善的目的，依法将其财产委托给受托人，由受托人按照委托人的意愿以受托人的名义对财产进行管理和处分，开展慈善活动的行为。慈善信托的设立门槛相对较低，无资金要求，可以选择信托公司或者慈善组织担任受托人。慈善信托的目的是帮助社会公益事业不断发展和进步，让整个社会变得更加文明与和谐。慈善信托主要适用的是《中华人民共和国慈善法》（以下简称《慈善法》）和《信托法》。慈善信托主要分为以下四种形式：

（1）为帮助贫困人口设立的慈善信托。

（2）为助老助残和拯救孤儿设立的慈善信托。

（3）为帮助因自然灾害或者其他事故受到损害的人群设立的慈

善信托。

（4）为促进文化、卫生、教育等事业的发展设立的慈善信托。

在慈善信托中，是由慈善组织还是由慈善信托作为家族信托受益人呢？这二者还是有区别的：

（1）慈善组织属于非营利性法人组织；而慈善信托一般是由信托公司提任管理人的法律架构，其本身不具有独立法人资格。

（2）慈善组织通过将捐赠金额较大的家族信托受益人吸纳为理事的方式，使其按照组织章程参与基金会运营和重大事项决策，贯彻家族信托受益人意志；而慈善信托通过信托文件直接将家族信托受益人约定为慈善项目执行人或信托监察人，由其筛选慈善项目并组织实施。

（3）慈善组织的设立流程较为严格和复杂，一般对设立资金有一定的要求，且要求有专门的办公场所和人员；而慈善信托无设立金额、办公场所、人员等要求。

2.慈善信托的设立步骤

设立慈善信托的步骤如下：

（1）确定慈善信托的目的和使命。这通常是由信托设立人或信托设立团体来决定的。慈善信托的目的可以是支持教育、医疗、环保、扶贫等的各种慈善事业。

（2）选择受益人和受益方式。设立慈善信托需要确定受益人和受益方式。受益人可以是特定的个人、团体或机构，也可以是广泛的受益群体；受益方式可以是直接资助、设立奖学金、捐赠物资等，也可以通过设立慈善项目来实现。

（3）根据《慈善法》第四十五条第一款的规定，设立慈善信托需签订信托文件。设立信托的行为属于民事行为、契约行为，应先由委托人向其信赖的受托人提出信托意向，双方达成合意后签订书面的信托文件。

（4）设立慈善信托还需要明确信托期限、信托财产的管理方法、受托人的报酬、新受托人的选任方式、信托终止事由等事项。

设立慈善信托的具体步骤如图 5-1 所示。

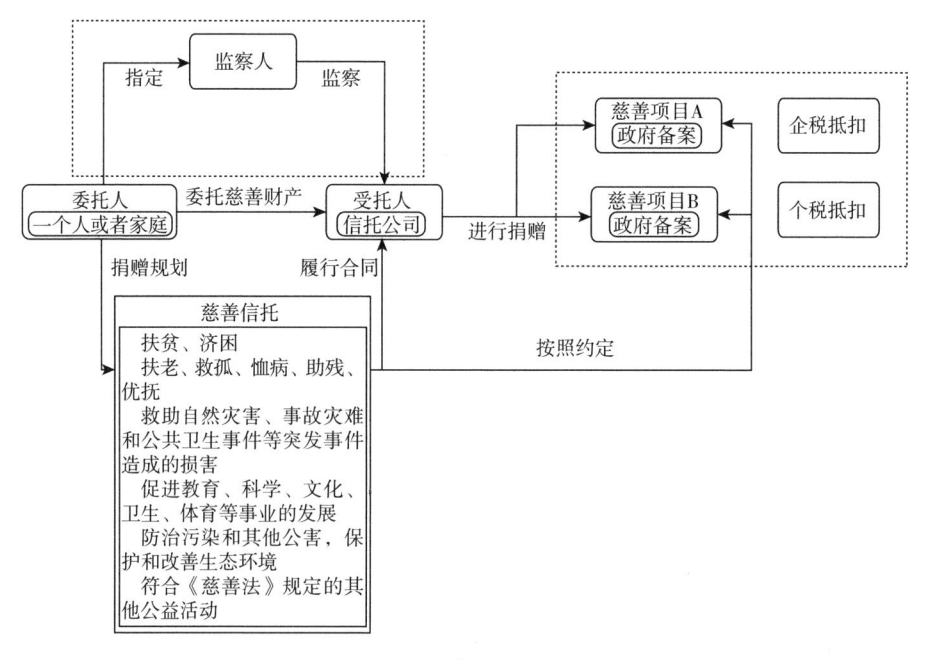

图 5-1 设立慈善信托的步骤

3.慈善信托的操作流程

慈善信托的操作流程可以归纳为以下五个步骤：

（1）前期准备。成立慈善信托需要准备一份详细的慈善信托计划，确定慈善信托的目的、信托财产的范围、受托人的职责等方面的内容；其次需要选择合适的受托人，受托人可以是慈善组织、信托公司或者基金会等。

（2）确定方案。受托人与委托人/出资人沟通，确定慈善信托的交易结构和信托要素，必要时需要与备案机关做初步沟通。

（3）业务决策。将项目方案提交受托人进行业务决策审批，并在银行开立以受托人为户名的信托专户。

（4）签约备案。受托人与委托人、监察人、保管人签署备案申请书和信托合同、监察协议、保管协议等。之后，委托人依据信托合同将资金转入信托资金专户，或者交付非货币性信托财产给受托人。受托人向备案机关申请慈善信托备案，提交的备案材料包括备案申请书、委托人身份证明、受托人身份证明、信托合同、信托专用资金账户证明、保管协议、信托财产交付的证明材料等。完成备案后，备案机关向受托人出具慈善信托备案回执，并在相关网站公示备案信息。

（5）初始登记。如果受托人是信托公司，还需要在中国信托登记公司办理慈善信托初始登记手续，并上传信托合同样本、信托专户等信息。

4. 慈善信托的费用

慈善信托的费用主要包括以下四个方面：

（1）设立成本。慈善信托的设立成本包括律师、会计师、审计师等中介机构的费用，以及受托人、监察人等的人工费用等。这些费用通常是一次性支付的，但在某些情况下可以分摊到每年的信托费用中。

（2）信托管理费用。慈善信托的信托管理费用包括受托人、监察人等的管理费用，以及律师、会计师、审计师等中介机构的费用等。这些费用通常是按照信托财产的规模或资产总额的一定比例收取的，也可以按照固定金额收取。

（3）运营费用。慈善信托的运营费用包括宣传费用、活动组织费用、人员工资等。这些费用可以根据实际需要和信托的具体情况进行分配和管理。

（4）税收费用。慈善信托作为一种公益事业，可以享受税收优惠政策。但是，在设立和管理慈善信托时，相关人员需要了解相关的税收政策和法规，并按照规定进行税务申报和管理。

## 第二节　国内慈善信托的发展历史与现状

在欧美国家，慈善事业一般聚焦在"公益""慈善信托"和"基金会"三个方面。简单理解就是，现代的西方慈善事业是依托于慈善信托这一法律架构，以基金会为主要推手，其他社会组织共同参与形成的社会公益体系。

我国对于慈善事业颁布的第一部法律是《中华人民共和国公益事业捐赠法》（以下简称《公益事业捐赠法》），该法规定的公益事业包括：救助灾害、救济贫困、扶助残疾人等困难的社会群体和个人活动；教育、科学、文化、卫生、体育事业；环境保护、社会公共设施建设；促进社会发展和进步的其他社会公共和福利事业。换言之，我国当代慈善事业于1999年正式步入法治轨道。在《公益事业捐赠法》之后，我国在2001年颁布的《信托法》中以专章方式规定了公益信托，并重申了公益信托的范围。2004年，我国通过《基金会管理条例》将基金会定义为利用自然人、法人或者其他组织捐赠的财产，以从事公益事业为目的，按照本条例的规定成立的非营利性法人。该条例明确并规范了基金会作为我国慈善事业主体之一的相关事宜。

近年来，随着互联网等高科技企业的成长，基金会成为这些企业的标配。例如"水滴筹""轻松筹""99公益日"等，这些互联网公司用不同的方式参与慈善事业。

总的来说，国内慈善信托的发展历史与现状体现在以下四个方面：

（1）起步阶段。2016年，我国出台了《慈善法》，为慈善信托的发展提供了法律基础，此阶段是慈善信托的起步阶段。该法第四十四条规定，"本法所称慈善信托属于公益信托，是指委托人基于慈善目的，依法将其财产委托给受托人，由受托人按照委托人意愿以受托人名义进行管理和处分，开展慈善活动的行为"。可以说，《基金会管理条例》的颁布和《慈善法》对于慈善信托的确认让我国的慈善事业也聚焦于"公益""慈善信托"和"基金会"这三个词语。基金会和慈善信托犹如慈善事业的双翼，让中国的慈善事业进入高速发展的阶段。

（2）发展阶段。自 2018 年开始，慈善信托市场容量不断扩大，备案存量继续增长。同时，慈善信托备案数量保持了高速增长，备案规模也在稳步增长。

（3）丰富阶段。有了互联网技术的助力，慈善信托行业不断地创新和发展。这不仅壮大了慈善信托的网络参与者群体规模，还进一步拓宽了其发展领域，提升了行业发展效率和创新威力。

（4）公众参与阶段。随着社会对公益信念和文明道德融合的不断深化，慈善信托行业越来越受到关注，捐助者群体规模越来越庞大，捐助金额也一直在增加，这成为慈善信托行业发展的重要支柱。

2023 年 3 月，《信托业务分类通知》的发布确定了公益慈善信托作为信托三大主业之一的地位，这对信托公司在中国式现代化、共同富裕等重大的时代命题下，如何开展慈善信托业务、践行社会责任、回归本源定位、开启转型之路提出了更高要求。

总的来说，国内慈善信托行业的发展历史和现状呈现出稳定的发展态势，未来将有更大的发展空间。

## 第三节 慈善信托可持续发展的基础条件

慈善信托制度作为一项重要的慈善制度，在我国的发展历程较短，但随着其自身功能和价值逐步被发现和认识，社会各界对于慈善信托在我国的持续发展充满了期待。

慈善信托的可持续发展需要满足以下基础条件：

（1）稳定的资金来源。慈善信托的可持续发展需要稳定的资金来源，以保证其可以持续地开展慈善活动。资金可以通过募捐、投资等方式获得，但需要确保其来源合法、稳定、可持续。慈善信托的受托人在法律上是信托财产的名义所有者，但信托财产独立于委托人和受托人的固有财产，而且各项信托财产是被独立管理的。这一财产独立性表明，慈善信托财产不受委托人、受托人自身固有财务状况和纠纷的影响，可以持续地用于公益领域。

（2）科学地管理和运营。慈善信托需要建立科学的管理和运营机制，包括制订合理的慈善计划、预算和投资策略，建立完善的内部管理制度和监督机制，以提高慈善活动的效率和可持续性。信托公司作为受托人，能够在慈善财产的资产管理及财富管理方面发挥专业优势，凭借其在风险控制、流动性安排方面的能力，积极提升慈善财产的投资效率，为公益慈善提供造血机制，提升慈善信托持续资助的能力。

（3）良好的公信力和透明度。慈善信托需要建立良好的公信力和透明度，公开披露慈善活动相关信息，接受社会监督，提高公众信任度，以利于筹集更多的资金和招募更多志同道合的合作伙伴。如《慈善信托管理办法》规定，资金信托应当委托商业银行担任资金保管人，且依法开立慈善信托资金专户。

（4）专业的人才队伍。慈善信托需要有专业的信托管理、财务、法律、营销等人才队伍，以保障慈善活动的规范、安全、有效。慈善信托涉及资金管理和慈善活动的策划、执行与监督等复杂工作，只有具备专业知识和技能的人才才能胜任。专业人才可以提供更高效的慈善活动策划等服务，提高慈善信托的效率和效果。慈善信托的运作需要遵守相关法律法规，确保资金使用的透明度和规范性。专业人才具备相关的法律、财务和投资等方面的专业知识，可以保障慈善信托的规范运作和透明度，减少慈善信托运作中的风险和不当行为。

随着社会需求和慈善事业的发展，慈善信托需要不断创新和发展，以适应时代的需求。专业人才具有创新思维和开拓精神，可以引进先进的理念和技术，推动慈善信托的创新和发展，提高慈善信托的适应性和可持续性。

慈善信托的运作涉及公共利益和社会责任，公众对其信任度至关重要。专业人才自身具备的专业素养和社会责任意识可以提升慈善信托的社会信任度和公信力，进而促进慈善信托的可持续发展。

（5）可持续的商业模式。慈善信托需要探索可持续的商业模式，以多样化的收入来源平衡慈善活动的公益性和经济性，以保障其可持续发展。具体原因如下：

一是慈善信托的可持续发展需要长期的资金来源和稳定的收入来源，以便支撑公益活动的顺利开展。而可持续的商业模式可以通过经营性业务或投资收益等方式获得稳定的收入来源，从而保障慈善信托的长期稳定发展。

二是可持续的商业模式可以引入市场竞争和创新的机制，促进慈善信托的运营和管理效率的提高，从而更好地实现社会公益的目标。

三是慈善信托既有公益性又有经济性，可持续的商业模式可以平衡其公益性和经济性，使慈善信托在实现社会公益的同时可以获得经济效益，从而更好地实现其社会目标。

四是可持续的商业模式可以引入新的技术、理念和模式，有利于促进慈善信托的创新和发展，使其更适应社会的需求和发展，更好地实现其社会公益的目标。

（6）政策支持和法律法规完善。政府和相关部门的政策支持和法律法规的完善也是慈善信托可持续发展的重要因素。例如，税收优惠政策可以降低慈善信托的成本，提高其筹款能力；法律法规的完善可以规范慈善信托市场，保护捐赠人的权益，提高公众的信任度。

慈善信托是基于信托的法律关系，由委托人、受托人和受益人三方当事人构成，属于信托制慈善。委托人的慈善财产和信托目的由受托人通过信托合同，按照一一匹配的方式，将委托人的慈善意愿直接对接受益人。这是一个具备连贯性、一致性、对应性、封闭性的法律关系，有利于慈善信托的可持续性发展。

慈善信托是一种公益行为，需要完善的法律法规来规范其设立、运作、监管等方面，以明确慈善信托的法律地位、运作规范和监管要求，为慈善信托的发展提供法律保障。

慈善信托的运作涉及公共利益和社会责任，因此需要建立监管机制来保障其规范运作。比如，需要明确慈善信托的监管主体及其职责，建立慈善信托的信息披露制度和报告制度等监管机制，保障其资金使用的透明度和规范性。

（7）社会公众的信任和支持。慈善信托是一种新兴的公益行为，需要强化社会认同感来提高其社会公信力和参与度；需要加大对慈善信托的宣传力度，提高公众对慈善信托的了解和认识程度，增强社会对其的信任和支持。

## 第四节　慈善基金会

很多成功的企业或高净值人士通过慈善信托设立慈善基金会。比如，主要致力于全球公共卫生、教育和减贫事业的慈善基金会、支持全球农业发展的基金会等。

1. 正确理解慈善基金会

慈善基金会是一种以慈善为目的,将私人财富用于公共事业的合法社会组织。它是一种非营利性法人,其资产不属于任何一个人,而属于社会。慈善基金会的运作资金来自社会上的个人、团体或企业捐助。慈善基金会的主要任务是聚集社会财富,救助有需要的人,或为解决某一社会问题开展慈善活动。这些活动内容包括扶贫、济困、扶老、救孤、恤病、助残、优抚,以及救助自然灾害、事故灾难和公共卫生事件等突发事件造成的损害。此外,慈善基金会还致力于促进教育、科学、文化、卫生、体育等事业的发展,防治污染和其他公害,保护和改善生态环境。

2. 如何设立慈善基金会

在我国,慈善基金会需要依法注册成立,具有独立法人资格,是专门做公益事业的机构。这些基金会在运作过程中接受政府和社会的监督,以确保其管理和运作的合法、有效、透明。同时,慈善基金会在我国也得到了广泛的认可和支持,许多企业和个人积极参与捐助和支持慈善事业。

设立慈善基金会需要符合以下条件:

(1)为特定的公益目的而设立。

（2）全国性公募基金会的原始基金不低于800万元人民币，地方性公募基金会的原始基金不低于400万元人民币，非公募基金会的原始基金不低于200万元人民币；原始基金必须为到账货币资金。

（3）有规范的名称、章程、组织机构以及与其开展活动相适应的专职工作人员。

（4）有固定的住所。

（5）能够独立承担民事责任。

3.慈善基金会的优势与劣势

（1）慈善基金会具有以下优势：

①具有法人资格，能够独立承担民事责任，享有独立的法人财产权。

②具有较高的社会公信力，募集资金能力强，能够获得社会各界的支持。

③具有持续获得捐赠财产的能力，能够长期开展慈善活动。

④参与社会公益事业，提升企业的社会形象和美誉度。

（2）慈善基金会也存在以下劣势：

①设立门槛较高，要求原始基金不低于200万元人民币，且必须是到账货币。

②需要有自己的组织机构和场所，运营成本较高。

③基金会每年用于公益事业的支出有明确的要求，灵活性较低。例如，公募基金会每年用于从事章程规定的公益事业的支出不得低于上年度总收入的70%；非公募基金会每年用于从事章程规定的公益事业的支出不得低于上年度基金余额的8%。

④投资回报率较低。因为基金会的运作需要遵循严格的规定，投资方式比较保守，收益相对较低。

# 第六章
# 信托的风险与规避

## 第一节 信托的认知风险

信托虽然已经得到不少人的认可，也有部分高净值人士选择通过信托保全财富和实现财富传承，但信托依然存在多种风险。首先体现在认知风险上，因为知道信托不等于真正懂信托。

信托认知风险主要体现在以下几个方面：

1. 对信托基础知识了解不够

许多人可能对信托的概念、运作方式、潜在风险以及如何实现其目标等缺乏深入的了解。这可能导致他们无法做出明智的决策，从而影响信托的效果。在选择信托之前，我们一定要多方面学习信托的相关知识，要做到知己知彼，这样才能识别出优质的第三方机构，也能根据自己的实际情况选择适合自己的信托产品。

2. 对信托存在误解和偏见

由于信托的复杂性和专业性，一些人可能对其存在误解或偏见。

例如，一些人可能认为信托是为了避税或逃避法律责任而设立的，而忽视了其在财富传承、家族治理和慈善事业发展等方面的功能。信托在一定程度上可以起到节税的作用，但这不是信托的根本意义。信托更多的是为了保全财富和在此基础上做到有效传承，降低个人或整个家族的未来风险。

再如，一些人认为信托是一种理财产品。实际上，信托并不是一种理财产品，它的本质更接近财富管理和传承的解决方案。财富管理虽然包括理财和投资，涉及投资决策，但信托的核心目标依然在于确保财富的长期管理和传承，而不仅仅是追求高回报。信托通常采用特殊的法律结构，以确保其资产隔离和保护功能。这与普通的理财产品的法律结构存在显著差异。信托是一种定制化服务，可以根据不同的需求提供个性化、全面的财富管理方案。而普通理财产品通常提供标准化的投资组合。在法律和税务方面，信托具有独特性，需要专业的法律和税务顾问提供支持，这使它与简单的理财产品有非常大的不同。总之，信托是一种综合性的财富管理和传承的解决方案，旨在确保财富的长期稳健增长和顺利传承。

3.风险识别能力有限

设立和运营信托需要识别和评估各种潜在的风险，如税务风险、继承风险、管理风险等。如果相关人员缺乏足够的风险识别能力，可能会忽视这些风险，从而导致信托的失败。有人认为信托就像遗嘱一样简单，其实这是一种错误的认知。遗嘱只能处理财产的分配，无法处理复杂的家族事务和财富管理问题。遗嘱一旦设立便难以随意改变，灵活性不足，家族信托可以满足不同世代的需求和不同人的利益，可根据实际需求进行灵活定制。信托与遗嘱既不等同也不对立，而是相互补充，有需要者可以二者兼顾使用。

4. 其他因素对信托认知的影响

个人的心理特征，如乐观或悲观、对风险的接受程度等，都会影响他们对信托的认知和决策。一些人可能过于乐观地估计信托的效益，而忽视其潜在的风险；而另一些人可能过于悲观，对信托持怀疑态度。

另外，不同文化背景的个人对信托的认知和接受程度可能存在差异。在一些文化中，财富的传承和治理可能更加受到重视，而在另一些文化中可能更注重个人权利和利益。

总之，虽然信托是高净值人士管理和保全财富的一种手段和途径，但个人一定要先提升对信托的认知，做到知其然也知其所以然，然后根据自己的实际情况选择可靠的第三方，这才是明知之举。

## 第二节　信托受理、经营和操作风险

在受理、经营和操作方面，信托也存在一些风险，例如：

有的信托公司以债权转让为名吸引投资者购买债权，然而在实际操作中，其可能存在债权真实性、债权价值评估不准确等问题，导致投资者面临风险。

有的地产信托项目以投资地产为名吸收大量投资者资金，然而，房地产市场波动、项目运营不善等导致资金链断裂，项目无法按时兑付投资者本金和利息。

有的信托计划以高回报率为诱饵吸引投资者参与。然而，实际上该计划并没有真实的投资项目，只是将新投资者的资金用于偿还旧投资者的本金和利息，最终导致资金链断裂，投资者损失惨重。

有的信托公司内部人员将投资者的资金挪用于其他项目，导致无法兑付投资者本金和利息。这种行为严重侵害了投资者的权益，也暴露了信托公司内部管理的漏洞。

以上内容涉及信托受理、经营和操作风险。为了避免这些风险，投资者需要谨慎评估信托产品的真实性、风险性和投资价值，并选择信誉良好的信托公司进行投资。除了选择可靠的信托公司，投资者也要预判信托的受理、经营和操作风险。

1. 信托受理风险

信托受理风险主要发生在信托项目的选择和立项阶段。在这个阶段，信托公司需要对潜在的项目进行严格的尽职调查，评估项目的可行性、盈利能力和风险水平。如果信托公司在项目筛选和评估过程中存在疏忽或错误，可能会导致选择的项目风险较高，进而给相关当事人、信托公司带来损失。同样地，在立项阶段，相关当事人也需要对信托公司进行综合考察，以防止给自己的财产带来损失。

2. 信托经营风险

信托经营风险主要源于信托公司在经营过程中的管理不善或决策失误。具体来说，可能包括以下两个方面：第一，市场风险。由于市场环境的变化，如利率、汇率、股票价格等波动，导致信托项目无法实现预期收益或产生损失。第二，信用风险。信托项目的融资方或担保方出现违约行为，无法按期还本付息或履行担保义务，给信托公司带来损失。为了降低信托经营风险，信托公司需要建立完善的风险管理体系，包括严格的项目审批流程、定期的风险评估、完善的内部控制机制等。

3. 信托操作风险

信托操作风险主要指的是在信托项目的具体执行过程中，由于人员操作不当或违规操作导致的风险。这类风险可能包括：违规操作，信托公司的员工在业务操作过程中违反法律法规或公司规章制度，导致公司面临法律诉讼或监管处罚；内部控制失效，信托公司的内部控制机制存在缺陷或执行不力，导致操作风险的发生。

为了降低信托操作风险，信托公司需要加强对员工的培训和教育，提高员工的合规意识和风险意识；同时，还需要建立完善的内部控制机制并确保其有效执行，从而确保业务操作的合规性和规范性。

总之，信托受理、经营和操作风险是信托业务中需要重点关注的风险类型。信托公司需要建立完善的风险管理体系和内部控制机制，加强对项目的筛选和评估、对市场的监测和分析以及对员工的培训和教育等方面的工作，以降低这些风险的发生概率和及其发生后产生的损失。

## 第三节 市场风险和流动性风险

信托资产具有独立性，其不能被抵债、不能被清算，具有债务隔离功能。虽然信托公司受国家机构监管，但其依然会有市场风险和流动性风险。

信托的市场风险和流动性风险是信托投资中两个重要的风险类型，它们对信托产品的安全性和收益性产生直接影响。

1.市场风险

市场风险是指由于市场价格波动导致信托投资遭受损失的风险。这种风险通常与整个市场或特定市场的总体走势有关，难以通过分散投资来完全避免。市场风险的主要来源包括：

（1）利率风险。当市场利率发生变化时，固定收益类信托产品的价值也会受到影响。如果市场利率上升，固定收益类信托产品的价格将下降，反之亦然。

（2）股票价格风险。对于投资股票市场的信托产品来说，股票价格的波动将直接影响其收益。股票市场的波动性越大，信托产品的净值越可能出现大幅波动。

（3）汇率风险，对于投资海外市场的信托产品来说，汇率的波动也可能对其收益产生影响。当本国货币贬值时，投资海外市场的信托产品可能面临汇率损失。

为了降低市场风险，信托公司可以通过多元化投资策略将资金分散投资于不同的市场、行业和资产类别，以降低单一市场或资产类别波动对整体投资组合的影响。

2.流动性风险

流动性风险是指投资者在需要现金时无法及时将信托产品变现的风险。对于信托产品来说，由于其投资期限较长、投资范围广泛，可能存在流动性不足的问题。

某信托公司推出了一款名为"某某矿业集合信托计划"的信托产品，该产品主要为一家矿业公司提供资金支持，用于其矿山开采和运营。在销售信托产品时，信托公司承诺了较高的年化收益率，吸引了大量投资者的关注。然而，由于该矿业公司所在行业的衰退以及市场竞争的加剧，该矿业公司的经营状况逐渐恶化，无法按时偿还信托计划的本金和利息。同时，由于该矿业公司的资产主要是矿山和采矿设备，这些资产在市场上的流动性较差，难以及时变现。

在这种情况下，信托公司面临着无法按时兑付投资者本金和利息的风险。由于信托产品的特殊性，投资者无法直接要求矿业公司偿还债务，而只能通过信托公司来寻求解决方案。然而，由于信托公司也无法迅速变现矿业公司的资产，因此投资者面临着无法及时回收投资本金和利息的风险。

具体来说，流动性风险主要包括以下两个方面：

（1）信托产品本身流动性不足。由于信托产品的投资期限较长，投资者在需要现金时可能无法及时将信托产品变现。此外，部分信托产品可能存在转让限制，进一步降低了其流动性。

（2）市场流动性不足。在某些情况下，整个市场或特定市场的流动性可能不足，导致投资者无法以合理价格将信托产品卖出。这可能与市场整体走势、市场情绪或市场结构等因素有关。

为了降低流动性风险，投资者在购买信托产品时应充分了解其投资期限、转让限制等条款，并根据自己的资金需求和风险承受能力做出合理的投资决策。同时，信托公司也应加强产品设计和市场营销，提高信托产品的流动性和吸引力。

## 第四节　信托的税务风险

1. 税务风险

说到信托，有人第一时间会联想到"避税"，其实，真正的信托不主张"避税"。根据税法精神，信托要么替受益人代扣代缴税费，要么受益人自行申报纳税。根据税法精神和一般反避税原则，希望通过信托达到"避税"的操作并不合规，也不应该。

因此，企业应该遵守税法和道德规范，同时，企业应该注重维护自身声誉，建立良好的品牌形象，以获得公众和市场的信任。

除此之外，信托的税务风险还涉及多个方面，以下是一些主要的风险点：

（1）股权转让税务处理的复杂性和不确定性。在设立股权类信托时，委托人将股权转移给信托公司往往会被视为股权转让。这可能导致委托人需要按照"财产转让所得"缴纳个人所得税、印花税等适用税种。此外，在计算"财产转让所得"时，可能还需要就股权的市场公允价值、原值、税前可抵扣费用等问题与税务机关进行多轮沟通，这增加了税务处理的复杂性和不确定性。

（2）信托公司税务管理问题。一些信托公司在税务管理方面存在不足，如缺乏专业的税务管理团队或税务核算不严谨等，这些问题可能导致信托公司难以有效防范税务风险，甚至可能因为税务处理不当而面临税务处罚。

（3）重复征税风险。信托中的累积收益，如利息、股息、租金等收入，在信托公司层面和受益人层面可能面临重复征税的风险。这增加了信托运营的税务负担和成本，可能对信托的收益产生负面影响。

（4）跨国信托税务风险。对于跨国信托而言，不同国家的税收政策和税法规定可能存在差异，这可能导致跨国信托在税务处理方面面临更大的挑战和风险。

2. 相关措施

为了降低信托的税务风险，可以采取以下措施：

（1）加强税收政策研究。关注国内外税收政策的动态变化，及时了解并适应相关政策调整。

（2）完善税务管理制度。建立健全的税务管理制度，规范税务核算和申报流程，确保税务处理的合规性和准确性。

（3）寻求专业税务咨询。委托专业的税务咨询机构或律师事务所提供税务咨询服务，降低税务风险。

（4）加强国际合作。对于跨国信托而言，加强与国际税务机构的沟通和合作，共同应对跨国税务风险。

## 第五节　政策和法律风险

信托政策风险是指由于国家宏观经济政策、财政政策和货币政策等发生变化而给信托业务带来的风险。这些政策变化可能影响信托产品的市场环境、投资机会和风险控制等方面。信托法律风险主要源于信托法律及其配套制度的修订而对信托业务产生的影响。

信托的政策和法律风险是信托业务中需要重点关注的两个方面。

一方面，政策风险主要源于国家政策的变动和不确定性。信托业务受到国家宏观经济政策、财政政策和货币政策的影响较大。当国家调整这些政策时，可能会对信托公司的业务运营和盈利能力产生重大影响。例如，如果国家收紧货币政策，可能会导致信托公司的融资成本上升，进而影响信托产品的收益和投资者的利益。

另一方面，法律风险也是信托业务中不可忽视的风险之一。信托业务涉及多个法律领域，如合同法、物权法、信托法等。如果信托公司在业务运营过程中未能严格遵守相关法律法规，或者法律环境发生变化，都可能导致信托公司面临法律风险。例如，如果信托公司在处理信托财产时未能履行好受托人职责，或者信托合同中的条款与法律相抵触，都可能导致信托公司面临法律诉讼和赔偿责任。

例如，某信托公司推出了一款信托产品，但在信托产品的运营过程中，该公司未能充分披露信托财产的投资情况，包括具体的投资方向、投资比例、风险控制措施等关键信息。此外，该公司还拒绝提供资产投资情况的详细报告，侵害了投资人的知情权。当信托产品出现兑付问题时，投资者发现该公司并未按照合同约定进行投资，而是将部分资金挪用于其他项目，导致信托财产损失。投资者要求该公司承担损失赔偿责任，但该公司却以种种理由拒绝履行其法定义务。在此情况下，投资者向法院提起诉讼，要求该公司承担法律责任。法院经过审理后认定，该信托公司在运营过程中存在违法行为，包括未充分披露信息、挪用信托财产等，严重侵害了投资者的合法权益。因此，法院判决该公司承担相应的法律责任，包括赔偿投资者的损失、支付违约金等。

这个案例展示了信托在法律层面可能面临的风险。信托公司在运营过程中必须遵守相关法律法规，充分披露信息，保护投资者的合法权益。

那么，如何在法律框架内有效设立信托，确保其财产独立性，实现财富的稳健传承呢？

1. 明确信托目的

信托设立应遵循合法、合规的原则，避免涉及逃债、损害公共利益等与国家政策和法律相悖的目的。确保信托目的的正当性是信托效力得到法律认可的前提。

2. 合理设定受益人

根据相关法律规定明确受益人范围，避免因受益人不明确而引发争议。一旦信托财产独立性受到挑战，受托人应积极提出异议，维护信托资产的独立性。

3. 加强政策研究和监测

信托公司应密切关注国家宏观经济政策、财政政策和货币政策的变动，以及相关法律法规的更新。通过定期的政策研究和市场监测，公司可以及时了解政策走向和法律环境的变化，从而提前调整业务策略，降低政策和法律风险。

4.完善内部合规机制

信托公司应建立完善的内部合规机制，确保业务运营符合相关法律法规的要求。公司应设立专门的合规部门或岗位负责审核业务文件、监督业务操作、提供法律咨询等工作，确保业务的合规性。建立完善的风险管理和内部控制体系，对业务风险进行全面评估和控制。公司应定期对业务进行风险评估和内部审计，发现潜在风险并及时采取措施加以防范。

5.加强与监管机构的沟通

信托公司应积极与监管机构沟通，了解监管政策和要求，及时获取政策指导和建议。同时，公司应积极配合监管机构的检查和评估工作，确保业务合规性和稳健性。

6.提升员工法律意识和素质

信托公司应加强对员工的法律教育和培训，提升员工的法律意识和素质。通过定期的法律培训、案例分析等活动，使员工更好地理解和遵守相关法律法规，降低法律风险。

### 7. 建立应急预案和应对机制

信托公司应建立应急预案和应对机制，以应对可能出现的政策和法律风险事件。公司应制定详细的应对方案，明确责任分工和应对措施，确保在风险事件发生时能够迅速、有效地应对。

设立信托是一项复杂的法律活动，需要综合考虑政策风险、法律风险和财富管理的需求。为了降低政策和法律风险，信托公司需要密切关注国家政策的变动和法律法规的更新，加强内部风险管理和合规性建设。同时，信托公司还需要加强与监管机构、行业协会和律师事务所等机构的沟通和合作，及时获取政策信息和法律建议，确保业务运营的合规性和稳健性。

# 参考文献

[1] 刘晓飞，孙嘉薇. 我国信托业的整顿及问题［J］. 金融理论与教学，2000（2）：23-25.

[2] 钟加勇. 信托业面临第六次整顿［J］. 商务周刊，2004（14）：42-45.

[3] 刘鸣炜. 信托制度的经济结构［M］. 汪其昌，译. 上海：上海远东出版社，2015：158.

[4] 卞耀武. 中华人民共和国信托法释义［M］. 北京：法律出版社，2002.

[5] 阿道夫·A. 伯利，加德纳·C. 米恩斯. 现代公司与私有财产［M］. 甘华鸣，罗锐韧，蔡如海，译. 北京：商务印书馆，2005.

[6] 何宝玉. 信托法原理研究［M］. 2版. 北京：中国法制出版社，2015.

[7] 丁巍，李渊.私益信托监察人制度立法正当性之证成——以家族信托为视角［J］.黑河学院学报，2023，14（8）：31-33，37.

[8] 李津.浅谈家族信托与家庭服务信托［N］.山西经济日报，2023-07-18.

[9] 唐文婷.高净值人群为什么选择家族信托［J］.中国商人，2023（6）：20-21.

[10] 杨希.信托公司如遇风险　家族信托该何去何从［N］.21世纪经济报道，2023-06-01.

[11] 胡萍.家庭服务信托与家族信托的异同［N］.金融时报，2023-03-13.

[12] 席月民.我国当前信托业监管的法律困境与出路［C］//中国法学会银行法学研究会.金融法学家（第二辑）.北京：中国社会科学院法学研究所经济法研究室，2010：14.

[13] 张平华，刘耀东.继承法原理［M］.北京：中国法制出版社，2009：335.

[14] 胡仕波.慈善、信托与家族传承［M］.北京：法律出版社，2022.

[15] 王大为.公益慈善事业的信托解决方案［J］.中国金融，2023，（9）：37-38.

# 后记

信托作为一种财富保障、管理和传承工具,具有财产规划、风险隔离、资产配置和财富传承等功能,且越来越受到高净值人士的青睐。信托是一种复杂的法律结构,它允许委托人将其财产以信托方式转移给其家庭成员和非家庭成员,以确保他们的生活质量。

我们非常感谢读者们对《信托:打造财富运营思维》的阅读和关注。我们相信,通过本书,读者们可以更全面地了解信托的概念、特点、风险和挑战,以及如何选择合适的信托模式。我们希望本书能够为读者们在考虑家族财富管理和传承时提供有价值的参考。

在本书中,我们详细介绍了信托的优点和风险,以及如何选择合适的信托模式。然而,每个人的情况都是独特的。因此,我们建议读者们在制订财富管理和传承计划时,结合自身的实际情况和需求,进行个性化的财富管理方案设计。

在撰写过程中，我们尽力将信托领域的最新发展和研究成果呈现给读者们。然而，信托是复杂而多样化的，我们深知本书无法涵盖信托业的所有情况。因此，我们建议读者们在阅读本书的基础上，结合自身的实际情况和需求，进行更为深入的研究和探索。

我们相信，通过对本书的阅读和学习，读者们可以更好地了解信托的重要性和应用价值。同时，我们希望读者们在实践中不断探索和创新，为财富管理和传承领域的发展做出贡献。